LATEIN IN UNSERER ZEIT

herausgegeben von
Werner Müller, Günter Lachawitz,
Renate Oswald, Wolfgang J. Pietsch

AMOR VINCIT OMNIA

LIEBE, LUST UND LEIDENSCHAFT IN DER LATEINISCHEN LITERATUR

ausgewählt und erläutert von
Eva Cescutti und Christian Goldstern

BRAUMÜLLER

Mit Bescheid des Bundesministeriums für Unterricht, Kunst und Kultur für den Unterrichtsgebrauch an nachstehend angeführtem Schultyp im Unterrichtsgegenstand **Latein** als geeignet erklärt: GZ 5.004/0013-V/9/2005 vom 03. 11. 2005 für die 5. und 6. Klasse an **allgemein bildenden höheren Schulen** (sechsjähriges Latein) und für die 7. und 8. Klasse (vierjähriges Latein).

Dieses Werk wurde auf Grundlage eines zielorientierten Lehrplans verfasst. Konkretisierung, Gewichtung und Umsetzung der Inhalte erfolgen durch die Lehrerinnen und Lehrer.

 Dieses Schulbuch folgt den Bestimmungen der **Neuregelung der deutschen Rechtschreibung**. Ausnahmen bilden Texte, bei denen künstlerische, philologische, lizenz- oder urheberrechtliche Gründe einer Adaptierung entgegenstehen.

 Wir weisen darauf hin, dass das **Kopieren** zum Schulgebrauch aus diesem Buch **verboten** ist. **§ 42 Absatz (3) der Urheberrechtsgesetznovelle 1996**: „Die Befugnis zur Vervielfältigung zum eigenen Schulgebrauch gilt nicht für Werke, die ihrer Beschaffenheit und Bezeichnung nach zum Schul- oder Unterrichtsgebrauch bestimmt sind."

Schulbuchnummer: 125593

1. Auflage, Nachdruck 2008 (1.01)
© 2006 by Wilhelm Braumüller, Universitäts-Verlagsbuchhandlung Ges.m.b.H., A 1092 Wien
     http://www.braumueller.at
Sämtliche Rechte vorbehalten.

Schulbuchvergütung/Bildrechte: © VBK/Wien
Quellennachweis: siehe S. 120

Umschlag und Innengestaltung: Grieder Graphik, A 2083 Pleissing
Coverbild: Erotische Szene. Fußbodenmosaik im Schlafgemach (3./4. Jh. n. Chr.), Piazza Armerina (Sizilien)
Druck: Ferdinand Berger & Söhne Ges.m.b.H., A 3580 Horn

ISBN 978-3-7003-1550-6

Vorwort

In Sachen „Liebe" sind alle Menschen Fachleute. Wer war nicht schon einmal verliebt? Und wer hatte nicht schon einmal Liebeskummer?

Dabei ist es ziemlich schwierig, genau zu definieren, was „Liebe" wirklich ist.

Was ist „Liebe"? Verliebtheit? Zuneigung? Wohlwollen? Leidenschaft? Eifersucht? Beziehung? Und hängt die Definition nicht auch davon ab, wer es ist, der liebt und der geliebt wird? Ein Kind liebt seine Eltern anders als den ersten Schwarm in der Schulklasse. Und die Erwachsenen lieben beispielsweise ihre KindheitsfreundInnen anders als die Frau oder den Mann, mit der/dem sie zusammenleben oder eine Familie gegründet haben. Und dann gibt es noch den geliebten Hund. Und den Popstar. Und die netten, freundlichen Nachbarn.

Um es hier gleich festzuhalten: In diesem Band der Reihe „Latein in unserer Zeit" gibt es zwar den einen oder anderen Definitionsversuch, aber bestimmt keine abschließende Definition von Liebe und Verliebtheit. Zwei Einschränkungen freilich gibt es: Erstens geht es hier um die „Verliebtheitsliebe", um die Liebe zwischen zwei Menschen, die nicht miteinander verwandt sind. Zweitens geht es in diesem Band um Literatur, genau genommen: um die lateinische Literatur der Antike und des Mittelalters bis in die Frühe Neuzeit in ihren verschiedenen Ausprägungen in Lyrik und Prosa. Wer mit diesem Band arbeitet, sollte also verschiedene Arten und Praktiken von Liebe kennenlernen und gleichzeitig einen möglichst genauen Eindruck davon bekommen, was Literatur kann, wie sie es kann – und was sie vielleicht auch nicht kann.

Keiner der hier präsentierten lateinischen Texte ist jünger als 500 Jahre. Deshalb geht es in diesem Band auch darum, das vermeintlich überzeitlich-ahistorische Phänomen „Liebe" in seinen literarischen Formulierungen in seinen historischen Kontexten platzieren und als etwas „Gewordenes" analysieren zu lernen und hoffentlich dadurch die eigene, vermeintlich selbstverständliche Lebenswelt zu relativieren.

Zum Einstieg wird die Frage nach der Liebe und dem Lieben in ein paar kurzen lateinischen „Slogans" beantwortet.

Der erste Teil des Bandes enthält eine Serie von Gedichten aus verschiedenen Epochen der lateinischen Literatur; sie alle haben gemeinsam, dass sich in ihnen ein liebendes Ich zu Wort meldet. Der Zugang erfolgt jeweils über verschiedene Aspekte und Perspektiven des erotischen Begehrens (Geschlechtszugehörigkeit, Hetero- und Homosexualität, Gelingen und Scheitern). Diese Auswahl soll erstens durch die Lektüre kurzer, in sich geschlossener, Einheiten einen möglichst prägnanten Einstieg in die Thematik ermöglichen und bietet zweitens einen Überblick über diejenigen lyrischen Motive, die in der europäischen Literatur am intensivsten rezipiert wurden.

In den Texten des zweiten Teils steht die dialogische Auseinandersetzung eines „Ich" mit einem „Du" im Mittelpunkt; gegenüber diesem „Du" formuliert das „Ich" ein erotisches Begehren. Liebe erscheint dabei nicht mehr nur als Angelegenheit eines einzeln agierenden Individuums, sondern ist in allen diesen Texten als „Liebes-Kommunikation" zwischen zwei gleichberechtigten PartnerInnen inszeniert.

Der dritte Teil enthält zwei ausgewählte, konkrete Liebes-Geschichten zwischen historischen Personen, gewissermaßen Fall-Studien, eine aus dem 1. Jahrhundert vor, die andere aus dem 12. Jahrhundert nach Christus. Diese zwei längeren Text-Einheiten zeigen zwei völlig unterschiedliche Möglichkeiten, wie eine Liebesbeziehung entstehen und verlaufen kann.

Im letzten Teil schließlich findet sich eine chronologisch angeordnete Auswahl aus den wirkungsmächtigsten theoretischen Zugängen zum Phänomen „Liebe" – wobei der Begriff „Theorie" nicht unbedingt andeuten soll, dass es in diesem Abschnitt immer ganz ernst zugeht: Auch eine Anleitung zum Flirten ist schließlich ein „Theoriekurs" in Sachen Liebe …

Die Autoren

Hinweise zur Verwendung des Buches

Neben den jeweiligen Texten befinden sich am Rand **Hinweise zur Übersetzung** (Vokabel- und Konstruktionserläuterungen).

Im Anschluss an den Text folgt der eigentliche **Kommentar** mit literaturkundlichen, historischen und kulturhistorischen Informationen sowie Vergleichstexten. Dieser Kommentar sollte ebenso wie die Übersetzungshinweise für eine Sinn erfassende Arbeit am Text herangezogen werden und ist auch eine wesentliche Hilfe für die Beantwortung der Interpretationsfragen, die daran anschließen.

Der **Aufgabenteil (Vertiefung)** umfasst neben den Interpretationsfragen weiterführende Arbeitsaufgaben, Fragen mit Gegenwartsbezug sowie Querverbindungen zu anderen Unterrichtsfächern und Eigenbezügen der Schülerinnen und Schüler.

Zeichenerklärung:

 Querverweis

Inhalt

Abkürzungen

abh. = abhängig

abl. = Ablativ

abl. abs. = ablativus absolutus

abl. comp. = ablativus comparationis

acc. = Akkusativ

adj. = Adjektiv

adv. = Adverb

altlat. = altlateinisch

bez. = bezogen

coni. = Konjunktiv

coni. dub. = coniunctivus dubitativus

coni. opt. = coniunctivus optativus

coni. pot. = potentialer Konjunktiv

dat. = Dativ

dat. auct. = dativus auctoris

dat. comm. = dativus commodi

d. h. = das heißt

dt. = deutsch

ET = Ergänzungstext

f. = femininum

gen. = Genetiv

gen. obi. = genetivus obiectivus

gen. part. = genetivus partitivus

gen. poss. = genetivus possessivus

gen. qual. = genetivus qualitatis

griech. = griechisch

h. = hier

i. e. (id est) = d. h. (das heißt)

imp. = Imperativ

ind. = Indikativ

indekl. = indeklinabel

inf. = Infinitiv

instr. = instrumental

Interrrog.-Pron. = Interrogativpronomen

K = Kommentar

konsek. = konsekutiv

lat. = lateinisch

m. = masculinum

n. = neutrum

nom. = Nominativ

NcI = nominativus cum infinitivo

Obj. = Objekt

part. coni. = participium coniunctum

part. praes. = Partizip Präsens

pass. = passiv

perf. = Perfekt

pl. = Plural

praes. = Präsens

refl. = reflexiv

rel. Anschluss = relativer Anschluss

Rel.-Pron. = Relativpronomen

Rel.-Satz = Relativsatz

S. = Seite

sc. = scilicet (ergänze)

sg. = Singular

Subj. = Subjekt

subst. = Substantiv

T = Text

V = Vertiefung

V. = Vers

vgl. = vergleiche

Vght. = Vergangenheit

voc. = Vokativ

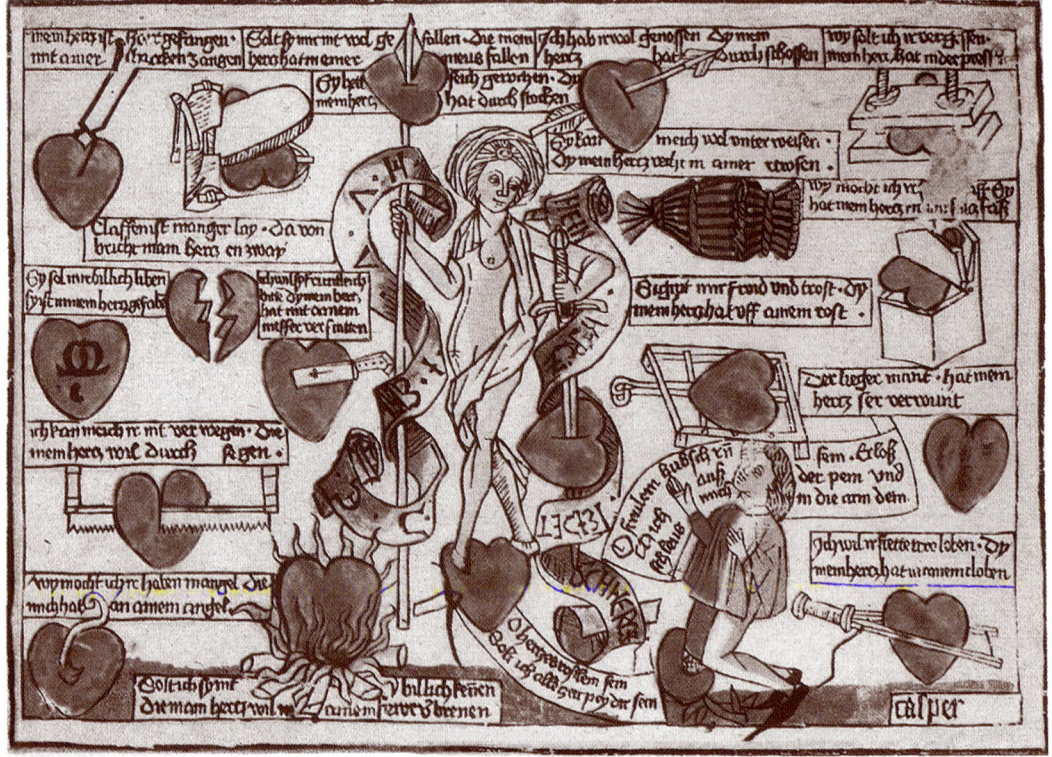

*Abb. 1: Meister Casper von Regensburg, **Frau Venus und der Verliebte,** kolorierter Einblattholzschnitt (um 1485), Berlin, Kupferstichkabinett*

Quidquid Venus imperat, labor est suavis:
quae numquam in cordibus habitat ignavis.

Auftakt: Zeitlose Sprüche

1. Omnia vincit amor.
2. Si vis amari, ama!
3. Cras amet, qui numquam amavit,
   quique amavit, cras amet!
4. Amor tussisque[1] non celatur[2].
5. Amantes amentes[3].
6. Amare et sapere[4] vix deo conceditur[5].
7. Amantium irae amoris integratio[6].
8. Amor amara[7] dat tamen.
9. Amor est magister optimus.
10. Sine Cerere et Baccho friget[8] Venus.
11. Amore, more, ore, re iunguntur amicitiae.
12. Nulla unda
    tam profunda[9]
    quam vis amoris furibunda[10].

4 **1 tussis**, -is f.: Husten **2 celo** 1: verstecken, verheimlichen

5 **3 amens**, -ntis: von Sinnen, kopflos, verrückt

6 **4 sapio** 3M: klug, verständig sein **5 concedo** 3: erlauben, zugestehen; pass. (unpers.): möglich sein

7 **6 integratio**, -onis f.: Erneuerung

8 **7 amarus** 3: bitter

10 **8 frigeo** 2: kalt sein, erstarren

12 **9 profundus** 3: unermesslich, gewaltig; sc. *est*
10 furibundus 3: rasend (vgl. *furor*, -oris m.)

1 Vertiefung

1 Der Spruch, der (in seiner Prosa-Form) diesem Buch den Titel gegeben hat, ist in Wirklichkeit nur der erste Teil eines Verses. Oft wird auch der ganze Vers zitiert. Suche im Internet den vollständigen Wortlaut und den Autor.

2 Welche (inhaltliche) Gemeinsamkeit haben der erste und der letzte Spruch?

3 Eine andere Aussage ist ebenfalls in zwei der hier zitierten Sprüche enthalten.

    a Welche beiden Sprüche sind das?

    b Kennst du ein vergleichbares deutsches Sprichwort?

4 Der Spruch Nr. 9 ist eigentlich die scherzhafte Abwandlung eines anderen lateinischen Sprichwortes. Anstelle von *amor* steht im Original ein anderes Wort.

    a Suche dieses (ursprüngliche) lateinische Sprichwort im Internet und übersetze es.

    b Welches deutsche Sprichwort besagt das gleiche wie dieses lateinische Sprichwort?

5 Der Spruch Nr. 10 hat auch bildende Künstler inspiriert. Ein Gemälde mit diesem Titel findest du in diesem Buch. Suche es und identifiziere die genannten Personen. Woran sind sie zu erkennen?

*Abb. 2: „**Omnia vincit Amor**", gezähmter Löwe, auf dem Amor reitet – ein Symbol der Macht der Liebe, holländisches Bildemblem (um 1600)*

Teil I
„ICH"

Er sucht sie: Fast ein Schäferstündchen

Das folgende Gedicht – oder Lied – gehört zu den „Carmina Burana" (den „Liedern aus Buron/Beuern") die in einer Handschrift aus dem bayrischen Kloster Benediktbeuern überliefert sind. Wer sich deshalb einen religiösen oder gar frommen Text erwartet, liegt falsch, denn es sind sehr weltliche Themen, um die es in diesem Gedicht – und in vielen anderen Texten der „Carmina Burana" – geht. Wer es gedichtet hat und wo es entstanden ist, lässt sich nicht rekonstruieren.

1   Aéstiváli[1] súb fervóre[2],
    quándo cúncta súnt in flóre,
    tótus éram ín ardóre[3].
    Súb olívae[4] mé decóre
5   aéstu[5] féssum[6] ét sudóre[7]
    détinébat[8] móra[9].

2   Erat arbor haec in prato
    quovis[10] flore picturato[11],
    herba, fonte, situ[12] grato,
10 sed et umbra, flatu[13] dato.
    Stilo[14] non pinxisset[15] Plato[16]
    loca gratiora.

3   Subest fons vivacis[17] venae[18],
    adest cantus philomenae[19]
15 Naiadumque[20] cantilenae:
    Paradisus hic est paene;
    non sunt loca, scio plene[21],
    his iocundiora.

4   Hic dum placet delectari
20 delectatque iocundari[22]
    et ab aestu relevari[23],
    cerno[24] forma singulari
    pastorellam[25] sine pari
    colligentem mora[26].

5 25 In amorem visae cedo[27];
    fecit Venus hoc, ut credo.
    „Ades!" inquam, „non sum praedo[28],
    nihil tollo, nihil laedo.
    Me meaque tibi dedo,
30 pulchrior quam Flora!"

1 **1 aestivalis**, -e: sommerlich **2 fervor**, -oris m.: Glut, Hitze **3 ardor**, -oris m.: Feuer, Brand, Leidenschaft **4 oliva**, -ae: Olivenbaum **5 aestus**, -us: Hitze, Glut, Wärme **6 fessus** 3: matt, müde, erschöpft **7 sudor**, -oris m.: Schweiß **8 detineo** 2: festhalten, aufhalten **9 mora**, -ae: Rast

2 **10 quivis**, quaevis, quodvis: („jeder, den du willst" =) jeglicher **11 picturatus** 3: verziert, bestickt, bemalt **12 situs**, -us: Lage **13 flatus**, -us: Hauch, leichter Wind **14 stilus**, -i: Schreibstift, Griffel **15 pingo** 3, pinxi, pictum: zeichnen, malen **16 Plato** ➤ K

3 **17 vivax**, -acis: springlebendig **18 vena**, -ae: (h.) Wasserader **19 philomena**, -ae: Nachtigall **20 Naiades**, -dum f. pl.: die Näaden (➤ K) **21 plene** (adv.): h. genau

4 **22 iocundor** 1: sich vergnügen **23 relevor** 1: sich erholen **24 cerno** 3: sehen, erblicken **25 pastorella**, -ae: Hirtenmädchen, Hirtin **26 morum**, -i: Brombeere

5 **27 in amorem cedere** (+ gen.): sich verlieben in **28 praedo**, -onis m.: Räuber

Abb. 3: Sandro Botticelli, La Primavera – Der Frühling, Gemälde (um 1478), Florenz, Uffizien

6   Quae respondit verbo brevi: *mit kurzer Worten*
    „Ludos viri non assuevi²⁹,   *Jehlin*
    sunt parentes mihi saevi³⁰;
    mater longioris aevi³¹
35 irascetur pro re levi.
    Parce³² nunc in hora!"

6 **29 assuesco** 3, -suevi, -suetum: sich an etw. gewöhnen (perf.: etw. gewohnt sein) **30 saevus** 3: grimmig, erbarmungslos **31 aevum**, -i: Alter **32 parco** 3: verschonen, lassen, ablassen

2 Kommentar

2 Plato: Platon aus Athen (ca. 428–ca. 348 v. Chr.), bedeutender griech. Philosoph. Sein Werk ist sehr gut überliefert und wirkt in der Philosophie bis heute nach; seine Wirkung auf die Entwicklung der europäischen Philosophie und des Christentums kann kaum überschätzt werden. Für die Spätantike und das Mittelalter war er der Legende nach ein Sohn Apollons, des griech. Gottes der Weissagung und der schönen Künste; bereits im Mittelalter hatte er den Ruf eines glänzenden Stilisten. ➤ Autoren – Texte – Begriffe, S. 106 f.

3 Naiadum: Naiaden oder Näaden sind Nymphen; Nymphen (griech. *nýmphe* = junge Frau, Braut) sind in der griech. Mythologie Göttinnen der freien Natur, Töchter des Zeus. Sie bevölkern Berge und Grotten (Oreaden), das Meer (Nereiden), Quellwasser (Naiaden) und Bäume (Dryaden). Die Nymphen lieben das Spiel und den Tanz. Ihre männlichen Begleiter sind die lüsternen Satyrn und Silene.

5 Flora: Flora ist die röm. Göttin des Blühens und der Blumen; sie wird als besonders schöne, mit Blumen geschmückte junge Frau dargestellt.

1 Versuche eine kurze Zusammenfassung dieser Liebesgeschichte – in einem einzigen Satz!

2 In welchem Vers beginnt es in dem Gedicht um Liebe zu gehen?
 a Woran kann man merken, dass hier ein männliches Ich spricht?
 b Wozu dient die ausführliche Naturschilderung am Anfang des Gedichts?
 c Welche Rolle spielt Venus?

3 Was hier vor und nach der Erwähnung Platons beschrieben wird, ist ein so genannter *locus amoenus*, ein „lieblicher Ort", ein Lustort, der ganz typisch ist für die Schäferdichtung, also die Bukolik (➤ S 107), und überhaupt für jede Form idyllisierender Dichtung. Im christlichen Mittelalter klingen darin Vorstellungen vom Paradies und vom Paradiesgarten an. Es handelt sich beim *locus amoenus* um eine fiktive Landschaft mit bestimmten, immer gleichen Elementen. Um welche Elemente handelt es sich hier in diesem Gedicht?

4 Wie beurteilst du das Ende des Gedichts im Hinblick auf die Erwartungen, die im Verlauf des Gedichts aufgebaut werden?

5 Lies das Gedicht laut. Beobachte die Wirkung von Rhythmus und Reim. Was für ein Effekt entsteht beim Lesen?

3 **t**ext

Carmen Cantabrigiense 40

Versmaß: gereimte vierhebige Jamben

Sucht sie ihn? Sehnsüchte im Frühling

Abb. 4: Zephyros, Frühlingsblüten bringend, Relief (1. Jh. n. Chr.) auf dem „Turm der Winde", Athen

1 Levís[1] exsúrgit[2] zéphyrús[3]
et sól procédit tépidús[4];
iam térra sínus[5] áperít,
dulcóre[6] súo díffluít[7].

2 5 Ver purpuratum[8] exiit,
ornatus[9] suos induit[10].
Aspergit[11] terram floribus,
ligna[12] silvarum[13] frondibus[14].

1 1 levis, -e: leicht, geschwind **2 exsurgo** 3: sich erheben **3 zephyrus**, -i: Wind, Westwind **4 tepidus** 3: mild, wärmend, lau **5 sinus**, -us: Schoß **6 dulcor**, -oris m.: Süße, Süßigkeit, süßer Duft **7 diffluo** 3: zerfließen
2 8 purpuratus 3: purpurgeschmückt, strahlend, schön **9 ornatus**, -us: Schmuck; Festkleid **10 induo** 3: anziehen, sich mit etw. bekleiden **11 aspergo** 3: bestreuen, besprengen, übergießen **12 lignum**, -i: Holz, h. Baum **13 silva**, -ae: Wald **14 frons**, -dis f.: Blatt, Laub

3   Struunt¹⁵ lustra¹⁶ quadrupedes¹⁷
10 et dulces nidos volucres¹⁸;
    inter ligna¹² florentia
    decantant¹⁹ sua gaudia.

4   Quod oculis dum²⁰ video
    et auribus dum²⁰ audio,
15 heu²¹!, pro²² tantis gaudiis
    tantis inflor²³ suspiriis²⁴.

5   Cum mihi sola sedeo
    et haec revolvens²⁵ palleo²⁶,
    si forte²⁷ caput sublevo²⁸,
20 nec audio nec video.

6   Tu saltim²⁹, veris gratia³⁰,
    exaudi³¹ et considera³²
    frondes¹⁴, flores et gramina³³,
    nam mea languet³⁴ anima.

3 **15 struo** 3: bauen **16 lustrum, -i:** (Wild-)Lager, Versteck **17 quadrupes, -pedis m.:** Vierfüßer **18 volucris, -cris f.:** Vogel **19 decanto** 1: singen, besingen

4 **20 dum:** während **21 heu!** (zweisilbig zu lesen): ach! **22 pro** (+ abl.): h. neben **23 inflo** 1: aufblasen, aufblähen **24 suspirium, -i:** Seufzer

5 **25 revolvo** 3: h. betrachten, überdenken **26 palleo** 2: bleich sein, erbleichen **27 si forte:** wenn vielleicht **28 sublevo** 1: erheben, aufheben

6 **29 saltim** (adv.): wenigstens **30 gratia, -ae:** Anmut, Wonne **31 exaudio** 4: zuhören **32 considero** 1: bedenken, erwägen **33 gramen, -inis n.:** Gras **34 langueo** 2: schlaff werden, ermatten

Vertiefung

1 Wo ist hier von Liebe die Rede? Ist Liebe überhaupt das Thema des Gedichts? Was spricht dagegen, was dafür?

2 Wer spricht?

  a Dieses Gedicht ist in der Ich-Form geschrieben; das „Ich" nennt seinen Namen nicht, bleibt also anonym. Dieses „Ich" in einem Gedicht wird als „lyrisches Ich" bezeichnet. Was ist über das „lyrische Ich", das in diesem Gedicht spricht, zu erfahren: ganz konkret über die Person, aber auch über ihre Stimmung und Gemütslage?

  b Das Gedicht arbeitet mit einem sehr scharfen Kontrast. Worin besteht er? Welche Verse drücken ihn am stärksten aus?

  c Wozu dient die Beschreibung der Vorgänge in der Natur? Wofür steht der Frühling?

Text

Catull,
carmen 32

Versmaß: Hendekasyllabus

Er will sie: Dringendes Bedürfnis

1 Ámabó¹, mea dúlcis Ípsitílla,
  meae deliciae, mei lepores²,
  iube³ ad te veniam meridiatum⁴.
  Et si iusseris, illud adiuvato⁵,

1 **1 amabo:** „sei so gut, bitte" **2 lepor, -oris m.:** Anmut; h. *abstractum pro concreto* (▶ Metonymie, S. 117): Liebling (im Dt. sg.) **3 iube … veniam** = *iube me ad te venire* **4 meridio** 1: ein Mittagsschläfchen halten (Supinum auf -um, übers.: „um zu") **5 illud adiuvato:** „achte auch darauf…" (*adiuvato* ist imp. II, ebenso wie *iubeto* in V. 9)

5 ne⁶ quis liminis obseret⁷ tabellam⁸
neu tibi lubeat⁹ foras¹⁰ abire,
sed¹¹ domi maneas paresque nobis
novem continuas fututiones¹².
Verum si quid ages¹³, statim iubeto:
10 nam pransus¹⁴ iaceo et satur¹⁵ supinus¹⁶
pertundo¹⁷ tunicamque palliumque¹⁸.

5 6 ne … neu: dass nicht … und dass nicht **7 obsero** 1: verriegeln, verschließen **8 tabella, -ae**: Riegel; **liminis tabellam obserare** = den Riegel vor die Tür legen, zusperren **9 lubet** (= *libet*): es gefällt, beliebt **10 foras**: hinaus **11 sed**: sc. *ut* (abh. von *adiuvato*) **12 fututio, -onis f.**: Beischlaf, Geschlechtsverkehr **13 ago** 3: h. ausrichten, erreichen

10 14 pransus 3: vollgefressen (**prandeo** 2: zu Mittag essen) **15 satur, -ura, -urum**: satt **16 supinus** 3: auf dem Rücken **17 pertundo** 3: durchbohren, durchstoßen **18 pallium, -i**: Mantel

Abb. 5: Satyr und Nymphe, pompejanische Wandmalerei (1. Jh. n. Chr.)

 **ommentar**

Catull,
carmen 32

1 Ipsitilla: Deminutiv zum Pronomen *ipsa*, das in der erotischen Elegie oft für die Geliebte steht (wie *domina* oder *puella*); möglicherweise auch der Name einer Hetäre
10 pransus: Das *prandium* war eine Art Jause / Gabelfrühstück, die / das ungefähr um die Mittagszeit eingenommen wurde.

4 Vertiefung

1   Dieses Gedicht wird üblicherweise nicht in Schulausgaben aufgenommen. Warum nicht?

2   Ist die Selbst-Einladung ernst gemeint? Begründe deine Ansicht.

3   Vergleiche das vorliegende Gedicht mit T 10 (Ov., Am. I 5 ➤ S. 18 f.).
    Welche Gemeinsamkeiten und welche Unterschiede lassen sich feststellen?

4   ➤ ET 1, S. 7: Lies die Definitionen von pornografischer, erotischer und obszöner Literatur und beantworte dann folgende Fragen:

    a Vergleiche die drei Definitionen und setze sie zu dem Gedicht in Beziehung. In welche Gruppe würdest du es einordnen? Warum?

    b Seid ihr in eurer Gruppe / Klasse alle einer Meinung oder gibt es unterschiedliche Meinungen? Worauf führt ihr das zurück?

    c Ändert sich durch die Auseinandersetzung mit diesen drei verschiedenen Definitionen deine Beurteilung des Gedichts?

Stichwort *Pornografie*

1 Pornografische Literatur, auch Pornografie (von griech. *pórnos* = Hurer, bzw. *pórne* = Dirne und *graphein* = schreiben), unscharfe, in ihrer Bedeutung umstrittene Bezeichnung einer spezifischen Form der erotischen Literatur. Ursprünglich: Darstellung der Prostitution und Literatur zur Prostituierten-Frage. […] Im allgemeinen Sprachgebrauch (auch in der Rechtsprechung) wird porno-
5 grafische Literatur (gelegentlich auch „harte Pornografie") heute einer so genannten Schmutz- und Schundliteratur zugerechnet als literarisch unqualifizierte Darstellung des Geschlechtlichen, speziell des Geschlechtsaktes in der monotonen Addition seiner möglichen Positionen und Perversionen zum ausschließlichen Zweck sexueller Stimulation. […] Das bis heute nicht gelöste, nicht nur terminologische Dilemma beruht vor allem darauf, dass die meisten […] die histori-
10 sche Bedingtheit moralischer Normen und ästhetischer Wertvorstellungen übersehen. […]

Stichwort *Erotische Literatur*

Erotische Literatur, auch amouröse oder galante Literatur, Sammelbezeichnung für literarische Werke aller Gattungen (bevorzugt der erzählenden Literatur), in denen das Sinnlich-Körperliche, die sexuelle Komponente der Liebe besonders oder ausschließlich betont wird. Ihre *Abgrenzung* gegenüber einer das Gefühlhafte, den seelisch-geistigen Bereich der Liebe artikulierenden Liebes-
15 dichtung, vor allem aber gegenüber einer pornografischen oder obszönen, „ausschließlich zum Zweck der sexuellen Erregung" (I. Bloch) geschriebenen, Literatur ist gelegentlich schwierig, besonders durch terminologische Unschärfen. […] Eine derart *ästhetisch anspruchsvolle erotische Literatur* beinhaltet bevorzugt alle Spielarten von Heterosexualität, bezieht aber auch Homosexualität und lesbische Liebe u. a. mit ein. […]

20 Erotische Literatur erschien oft unter der Vorgabe, von einer Frau verfasst zu sein; sie ist aber […] von Männern geschrieben und stellt (überwiegend) in der Hervorhebung der „Intensität des weiblichen Entgegenkommens" und der „Unersättlichkeit des weiblichen Sexualbedürfnisses" die Frau so dar, „wie der Mann wünscht, dass sie sein möge" (A. C. Kinsey). Entsprechend erreicht die erotische Literatur auch ein ausgesprochen männliches Lesepublikum. Ventilfunktionen sind z. T. sichtbar, z. T. an-
25 zunehmen. – Die *Intention* der erotischen Literatur reicht von der Darstellung reiner Sinnenfreude bis zur Kritik gesellschaftlicher Verhaltensweisen. Zur *Beurteilung* wird man in jedem Fall den historischen Stellenwert, den Zeitgeschmack, wechselnde Moralvorstellungen und sittliche Anschauung, Intention und Leserschicht des einzelnen Autors bzw. der ganzen Epoche berücksichtigen müssen. Gleichzeitig ist die Geschichte der erotischen Literatur aufs engste mit der Geschichte ihrer öffentlichen Bil-
30 ligung und Missbilligung, ihrer inoffiziellen und offiziellen Zensur und gerichtlichen Verfolgung vor dem Hintergrund einer wechselhaften Tabuisierung der Sexualsphäre verknüpft. […]

Stichwort *Obszöne Literatur*

Obszöne Literatur (Etymologie umstritten, evtl. zu lateinisch *obscena* = von der Szene weg, d. h. nicht auf der Bühne (öffentlich) zeigbar = anstößig, unzüchtig), umstrittene und schillernde Bezeichnung für literarische Werke, die als unanständig und schamlos empfunden werden, „Sitte
35 und Anstand verletzen" (so das Strafgesetzbuch), „unzüchtige" Gedanken ausdrücken bzw. hervorrufen. Dabei wird zwischen obszöner Literatur und pornografischer Literatur häufig nicht unterschieden. Während Autoren wie I. Bloch u. a. eindeutig festlegen, obszöne Literatur sei „ausschließlich zum Zweck geschlechtlicher Erregung" verfasst, werde also auch nur aus diesem Grunde konsumiert, macht M. Hyde mit Recht darauf aufmerksam, dass, wenn auch Pornogra-

40 fie „immer obszön" sei, dies nicht umgekehrt gelte. So sei z. B. „die Beschreibung des Stuhlgangs zweifelsohne als obszön zu bezeichnen". In dieser Richtung argumentieren weitere Autoren, wenn sie z. B. die Darstellung von Brutalität und Unterdrückung als obszön bezeichnen. [...]

5 text

Sie will ihn: Sulpicias Lied

Im „*Corpus Tibullianum*" – das ist die Gedichtsammlung, die vor allem die Werke Tibulls überliefert – findet sich eine Gruppe von sechs Elegien, als deren Verfasserin „Sulpicia, Tochter des Servius" zeichnet. Von Sulpicia gibt es außer diesen wenigen Elegien und dem Wissen, dass sie wohl dem Kreis von Schriftstellern um Tibull angehörte, keine biografischen Nachrichten und schon gar keine fixen Lebensdaten; trotzdem nimmt sie in der Geschichte der römischen Literatur einen wichtigen Platz ein, denn sie ist die einzige römische Dichterin, von deren Werk mehr als nur ein paar Bruchstücke erhalten sind.

Einige der sechs Elegien richten sich an einen Geliebten namens „Cerinthus", und dies hat zu der Auffassung geführt, dass es sich bei den sechs Gedichten um die „Dokumentation" einer sich immer weiter entwickelnden Liebesbeziehung handelt. Nach dieser Theorie wäre die folgende Elegie die letzte in der Reihe – sozusagen der Höhepunkt:

1 Tandem venit amor, qualem[1] texisse[2] pudore
   quam nudasse[3] alicui sit mihi fama[4] magis[1].
Exorata[5] meis illum Cytherea[6] Camenis[7]
   adtulit in nostrum deposuitque sinum[8].
5 Exsolvit[9] promissa Venus: mea gaudia narret,
   dicetur[10] siquis[11] non habuisse sua!
Non ego signatis[12] quicquam[13] mandare tabellis[14],
   ne[15] legat id nemo[15] quam meus ante[16], velim,
sed peccasse[17] iuvat, vultus componere[18] famae[19]
10   taedet[20]: cum digno digna fuisse ferar[21].

1 1 qualem … magis ➤ K **2 tego** 3, texi: bedecken **3 nudo** 1: entblößen, enthüllen; **nudasse** = *nudavisse*; die Infinitive sind Subj. des Satzes **4 fama**, -ae: h. Schande, üble Nachrede; **fama sit** (coni. pot.) ist Prädikat **5 exoro** 1: bitten, anflehen **6 Cytherea** = Venus (➤ K) **7 Camenis** = *carminibus* (➤ K) **8 sinus**, -us: h. Schoß
5 9 exsolvo 3, -solvi: einlösen **10 dicetur … habuisse** = *habuit* (➤ K) **11 siquis** = *si quis* **12 signatus** 3: h. versiegelt **13 quicquam** = *quidquam* **14 tabella**, -ae: Schreibtafel **15 ne … nemo**: die doppelte Verneinung dient der Verstärkung **16 quam … ante** = *antea quam* **17 pecco** 1: sündigen, Fehler machen; **peccasse** = *peccavisse* **18 compono** 3: h. verstellen (➤ K) **19 fama**, -ae: dat. comm.; Ansehen, „guter Ruf" **10 20 taedet**: es widert an, nervt (sc. *me*) **21 fero**: h. sagen, behaupten, erzählen (+ NcI)

Abb. 6: Aphrodite, begleitet von Eroten, auf einem Schwan, hellenistisches Vasenbild

1 f. Tandem ... magis: Da dieses Distichon auch den namhaftesten Gelehrten stets größte Schwierigkeiten machte, sei hier die wahrscheinlichste Übersetzung angeführt: „Endlich ist eine Liebe von solcher Art [über mich] gekommen, dass sie aus Scham verheimlicht zu haben mir mehr üblen Ruf einbrächte, als sie jemandem enthüllt zu haben."

3 Cytherea: Beiname der Venus / Aphrodite, der Göttin der Liebe und der Schönheit; dieser Beiname (nach der Insel Kythera, wo sie einen Tempel hatte) ist in der griech. Literatur sehr alt und kommt relativ häufig vor; in der röm. Literatur taucht er erst zu Sulpicias Zeit auf. Wer ihn verwendete, bewies damit seine Kenntnis der griech. Literatur. ➤ Autoren – Texte – Begriffe, S. 112

Camenis: Camenae = röm. Name der Musen, die jede künstlerische Tätigkeit überhaupt erst ermöglichen und inspirieren sowie – seit ungefähr dem 1. Jh. v. Chr. – aller Erzeugnisse, die mit Hilfe der Musen geschaffen werden, sprich: Lieder, Gedichte, Bilder, Theater, Tanz, Geschichten etc.

5 f. mea ... sua: Wer nach eigenen Erfahrungen nicht daran glaubt, dass Venus ihre Versprechen gelegentlich doch einhält, soll durch Sulpicias Erleben eines Besseren belehrt werden (vgl. *exsolvit promissa Venus!*).

7 tabellis: Schreibtafel; diese Schreibtäfelchen wurden zusammengebunden und versiegelt und dienten so als Brief.

9 vultus componere: wörtl.: „Mienen aufsetzen" – findet sich in der röm. Literatur meist in der Bedeutung „eine feierliche, sittsame Miene zur Schau tragen"

Vertiefung

1   Wer ist mit *illum* in V. 3 gemeint? Welche Möglichkeiten gibt es?

2   Woran könnte es liegen, dass hier kein Geliebter namentlich genannt wird?

3   Durch welche Wörter wird eindeutig, dass hier ein weibliches Ich spricht?

4   **a** Ist die Beziehung zwischen der Frau und ihrem Geliebten geheim oder öffentlich?

   b Deiner Meinung nach: Hat sie den Brief, den sie in V. 7 erwähnt, geschrieben oder nicht?

   c In dem Gedicht kommt zwei Mal das Wort *fama* vor – aber mit verschiedenen Bedeutungen. Steht die Sprecherin dieser *fama* jeweils positiv oder negativ gegenüber?

   d Welche Rolle spielt das Gedicht im Kontext von Öffentlichkeit und Heimlichkeit? Ist es nur für den einen geschrieben oder für ein größeres Publikum?

5   Ein Blick auf formale Besonderheiten im letzten Distichon:

   a Es häufen sich die Stilmittel; kannst du einige nennen? (➤ Kleine Stilkunde, S. 117 f.)

   b Was ist deiner Meinung nach die Funktion eines technisch-stilistisch so ausgefeilten Verspaars? Beachte dazu seine Stellung im Gedicht. Was ergeben sich daraus für Schlussfolgerungen für das Verständnis des gesamten Gedichts?

Er will ihn – und raubt ihm einen Kuss

1 Surripui[1] tibi, dum ludis[2], mellite[3] Iuventi[4],
  suaviolum[5] dulci dulcius ambrosia[6].
Verum id non impune[7] tuli: namque amplius[8] horam
  suffixum[9] in summa me memini esse cruce,
5 dum tibi me purgo[10] nec possum fletibus[11] ullis
  tantillum[12] vestrae[13] demere[14] saevitiae.
Nam simul[15] id factum est, multis diluta[16] labella[17]
  guttis abstersti[18] omnibus articulis[19],
ne quicquam nostro contractum[20] ex ore maneret,
10 tamquam commictae[21] spurca[22] saliva[23] lupae[24].
Praeterea infesto[25] miserum me tradere Amori
  non cessasti[26] omniique excruciare[27] modo,
ut mi ex ambrosia mutatum iam foret[28] illud
  suaviolum tristi tristius elleboro[29].
15 Quam quoniam poenam misero proponis[30] amori,
  numquam iam posthac[31] basia surripiam.

1 **1 surripio** 3M, -ripui, -reptum: stehlen, rauben **2 ludo** 3: spielen **3 mellitus** 3: honigsüß **4 Iuventius**, -i: Iuventius (Eigenname) **5 suaviolum**, -i: zarter Kuss, „Bussi" **6 ambrosia**, -ae: Ambrosia, Speise der Götter **7 impune** (adv.): straflos, ungestraft **8 amplius**: sc. *quam* **9 suffigo** 3, -fixi, -fixum: aufhängen

5 **10 purgo** 1: „reinigen", entschuldigen **11 fletus**, -us: Tränen **12 tantillum**: ein ganz klein wenig **13 vestrae** = *tuae* **14 demo** 3: wegnehmen **15 simul** = *simulac* **16 diluo** 3, -lui, -lutum: abwaschen **17 labellum**, -i: Lippe **18 abstergeo** 3, -tersi, -tersum: abwischen; **abstersti** = *abstersisti* **19 articulum**, -i: Finger **20 contraho** 3, -traxi, tractum: sich zuziehen (z. B. eine Krankheit)

10 **21 commictus** 3: abgewrackt, grausig (Schimpfwort) **22 spurcus** 3: schmutzig, besudelt **23 saliva**, -ae: Spucke, Speichel **24 lupa**, -ae: h. Hure **25 infestus** 3: gefährlich, feindlich **26 cesso** 1: aufhören; **cessasti** = *cessavisti* **27 excrucio** 1: quälen **28 mutatum foret** = *mutaretur* **29 elleborus**, -i: Nieswurz ➤ K

15 **30 propono** 3: h. verhängen **31 posthac** (adv.): künftig

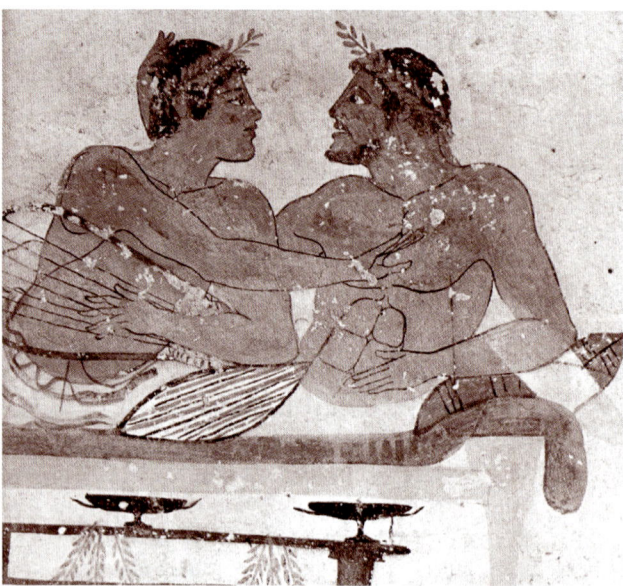

Abb. 7: Zwei Männer beim Gelage, Wandmalerei (ca. 470 v. Chr.), Paestum, Tomba del Tuffatore

ommentar

Catull,
carmen 99

14 elleboro: Nieswurz galt in der Antike als Heilmittel gegen den Wahnsinn; sie schmeckt bitter und ruft Erbrechen hervor.

6 Vertiefung

1 Wer spricht?

  a Was ist über das „lyrische Ich" (➤ V 3, S. 5), das hier spricht, zu erfahren: ganz konkret über die Person, aber auch über ihre Stimmung und Gemütslage? Woran ist zu erkennen, dass es ein männliches Ich ist?

  b Was ist über Juventius zu erfahren?

  c Wie beginnt, wie endet das Gedicht – und damit die Geschichte? Vergleiche dazu V. 2 und V. 14.

2 Es geschieht ein Raub, danach folgt eine Strafe. Hält das „lyrische Ich" diese Strafe für gerecht? Hältst du sie für gerecht?

3 Wo ist hier von Liebe die Rede? Ist Liebe überhaupt das Thema des Gedichts? Was spricht dagegen, was dafür?

4 ➤ ET 2: Der griechische Philosoph Platon (➤ Autoren – Texte – Begriffe, S. 111 f.) lässt in seinem Werk „*Symposion*" (= „Das Gastmahl") eine Reihe von prominenten Athenern auftreten; sie vereinbaren, dass jeder von ihnen im Rahmen dieses Trinkgelages eine Rede auf Eros, den Gott der Liebe, hält. Als die Reihe an den Komödiendichter Aristophanes kommt, erzählt dieser einen unterhaltsamen Mythos aus der „Frühzeit" der Menschengeschichte. Lies und beantworte dann folgende Fragen:

  a Was ist – laut Platon / Aristophanes – der Grund dafür, dass Menschen lieben?

  b Wie erfüllt sich wahre Liebe? Wie erkennt man sie, wenn man sie gefunden hat?

  c Versuche, den von Aristophanes geschilderten Kugelmenschen zu zeichnen.

  d So wie in Catulls Gedicht geht es auch in der Rede des Aristophanes um Homosexualität. Vergleiche die Aussagen, die Aristophanes über Homosexualität macht, mit heutigen Äußerungen zu Homosexualität.

  e Die Trennung / Teilung der glücklichen Kugelmenschen ist eine Strafe für ein bestimmtes Vergehen gegenüber Zeus. Um welches Vergehen handelt es sich? Vergleiche diesen Teil des Mythos von den Kugelmenschen mit der biblischen Vertreibung des Menschen aus dem Paradies im Buch „Genesis".

Platon,
Symposion 189 c–191 d (leicht gek.),
übers. v. Rudolf Kassner (Wiesbaden: VMA-Verlag 1978)

Die Rede des Aristophanes aus Platons „*Symposion*"

1 Die menschliche Natur war ja einst ganz anders. Ursprünglich gab es drei Geschlechter, nicht nur zwei wie heute: Neben dem männlichen und weiblichen lebte ein drittes Geschlecht, welches an den beiden ersten gleichen Teil hatte; sein Name ist uns geblieben, das Geschlecht selbst ist ausgestorben. Ich sage, dieses mann-weibliche Geschlecht hatte einst die Gestalt und den
5 Namen des männlichen und weiblichen Geschlechtes zu einem einzigen vereinigt, und heute ist uns von ihm nur der Name erhalten, und der Name ist ein Schimpfwort.

Ferner: Die ganze Gestalt jedes Menschen war damals rund, und der Rücken und die Seiten bildeten eine Kugel. Der Mensch hatte also vier Hände und vier Füße, zwei Gesichter drehten sich am Halse, und zwischen beiden Gesichtern steckte ein Kopf, der vier Ohren hatte. Der Mensch
10 besaß die Schamteile doppelt, und malt euch das Bild selbst aus: auch alles andere war demgemäß doppelt! Der Mensch ging zwar aufrecht wie heute, aber vorwärts und rückwärts, ganz wie es ihm gefiel. Und wenn er laufen wollte, dann machte er es wie die Akrobaten, die kopfüber Räder schlagen: er lief dann mit allen acht Gliedern, und so kam er, auf Händen und Füßen Räder schlagend, schneller vorwärts als wir heute.

15 Groß und übermenschlich war ihre Stärke, ihr Sinnen war verwegen, ja sie versuchten sich sogar an den Göttern: Sie wagten den Weg zum Himmel hinauf und wollten sich an den Göttern vergreifen. Und Zeus und alle Götter erwogen, was sie dagegen tun sollten, und waren recht in Verlegenheit, denn sie konnten weder alle Menschen töten – da wäre es auch mit allem Götterdienst und allen Altären vorbei! – noch deren Übermut ungestraft lassen. Da hatte Zeus eine Idee, und
20 er rief: „Ich habe das Mittel! Ich habe das Mittel gefunden, die Menschen leben zu lassen und doch ihrem Übermut für immer ein Ende zu machen: Ich werde jeden Menschen in zwei Teile schneiden. Sie werden uns dadurch nicht nur zahmer, sondern auch von größerem Nutzen sein, denn ihre Zahl wird doppelt so groß sein. Die Menschen werden von nun an auf zwei Beinen und nur aufrecht gehen. Sollten sie aber noch immer übermütig sein und keine Ruhe geben, so schneide
25 ich jeden noch einmal entzwei: Dann sollen sie auf einem Bein gehen und hüpfen."

Und wie Zeus sprach, so handelte er auch: er nahm die Menschen her und schnitt jeden in zwei Teile, wie man Birnen, um sie einzukochen, entzwei schneidet. Und so oft er einen zerschnitten hatte, ließ er ihm durch Apollon das Gesicht und den halben Hals nach der Schnittfläche zu umdrehen, damit der Mensch von nun an, indem sein Blick auf sie gerichtet ist, züchtiger sei. Auch
30 alles andere, was durch den Schnitt wund ward, ließ Zeus durch Apollon heilen. Apollon zog also die Haut nach dem so genannten Magen hin zusammen, band sie in der Mitte des Magens ab und ließ nur eine Öffnung: Diese Öffnung ist unser Nabel. Dann glättete er die vielen Falten, die dadurch entstanden waren, und formte die Brust, indem er sich dazu eines Werkzeuges bediente, wie es die Schuster heute beim Glätten des Leders haben. Nur um den Nabel und über dem Magen ließ
35 er einige Falten übrig; auch dadurch sollte der Mensch auf sein altes Leiden nicht vergessen.

Als nun auf diese Weise die ganze Natur entzwei war, kam in jedem Menschen die große Sehnsucht nach seiner eigenen anderen Hälfte, und die beiden Hälften schlugen die Arme umeinander und verflochten ihre Leiber. Sie wollten wieder zusammenwachsen und starben so vor Hunger, denn keine wollte ohne die andere etwas tun. Wenn aber nur eine Hälfte starb und die an-
40 dere am Leben blieb, da suchte diese nach der toten und umarmte den Leichnam, ob sie nun auf die Hälfte eines ganzen Weibes – ich meine jetzt das, was wir heute Weib nennen – oder auf die Hälfte eines ganzen Mannes stieß. Und so ging alles zugrunde.

Doch da hatte Zeus Erbarmen mit dem Menschengeschlechte und schuf ein neues Mittel: Er setzte ihnen die Schamteile nach außen. Bisher hatten die Menschen sie hinten besessen und wie
45 die Zikaden in die Erde gezeugt und aus der Erde geboren. Und indem Zeus die Schamteile also versetzte, ließ er die Menschen ineinander zeugen und aus sich selbst gebären, damit von jetzt an, wenn der Mann dem Weibe beischläft, das Geschlecht sich fortpflanze, und wenn der Mann den Mann umarmt, ihre Begierde gestillt werde und ihr Sinnen sich beruhige und sie an die Arbeit gehen und so auch für das Allgemeine sorgen. Von dieser Zeit her, Freunde, ist Eros den
50 Menschen angeboren und existiert, damit er die Menschen zu ihrer alten Natur zurückbringe, aus zwei Wesen eines bilde und so die verletzte Natur wieder heile.

Wenn der Gastfreund von uns scheidet, so teilen wir mit ihm einen Würfel, und jeder behält die Hälfte, und später erkennen wir uns an den Hälften. Und jeder Mensch, möchte ich sagen, ist ein also geteilter Würfel und sucht im Leben die andere Hälfte des Würfels. Alle Männer also,

55 die aus jenem Ganzen geschnitten sind, das früher das Mannweib hieß, lieben heute Frauen; und aus demselben Ganzen sind natürlich auch die Frauen geschnitten, die die Männer lieben. Die Frauen hingegen, die aus dem alten Geschlecht der ganzen Frau geschnitten sind, interessieren sich wenig für Männer und fühlen sich mehr zum eigenen Geschlecht hingezogen: Die lesbischen Frauen stammen aus diesem Geschlecht. Die Männer schließlich, die aus dem alten männ-

60 lichen Geschlecht geschnitten sind, gehen Männern nach. Schon als Knaben lieben sie die Männer und sind froh, wenn sie Männer umarmen und mit Männern liegen. Gerade die mutigsten finden wir unter ihnen, da sie ja doch schon von Natur aus sozusagen die männlichsten sind. Wer sie schamlos nennt, der lügt. Denn nicht aus Schamlosigkeit handeln sie so; nein, ihr Mut, ihre Mannhaftigkeit, ihre Männlichkeit liebt eben ihresgleichen. Und dies ist der Beweis: Nur sie

65 dienen, reif und zu Männern geworden, dem Staat. Als Männer lieben sie wieder Knaben und Jünglinge und kümmern sich wenig darum, sich eine Frau zu nehmen und Kinder mit ihr zu zeugen; es genügt ihnen durchaus, nur unverheiratet miteinander zu leben. So also sind die Freunde und Geliebten entstanden, auch sie lieben eben nur ihr eigenes altes Geschlecht.

Wenn nun einer von diesen oder jenen anderen seiner eigenen Hälfte zum erstenmal begegnet,

70 da werden er und der andere wundersam von Freundschaft, Heimlichkeit und Liebe bewegt, und beide wollen nicht mehr voneinander lassen. Aber sie, die von nun an ihr ganzes Leben miteinander verbringen, wissen dennoch niemals und niemandem zu sagen, was sie wollten, dass mit ihnen geschähe. Die sinnliche Begierde könnte doch kaum den einen an den andern mit so großer Leidenschaft binden. Ihre Seele will doch wohl etwas anderes: Sie kann es nicht sagen und

75 ahnt es nur und stammelt. Und wenn zu zweien, die beieinander liegen, Hephaistos träte mit seinen Werkzeugen und sie fragte: „Was wollt ihr, Menschen, was soll aus euch hier werden?" Sie würden nur verlegen werden und wüssten keine Antwort. Und wenn der Gott dann sagte: „Wollt ihr ein Wesen sein und Tag und Nacht voneinander nicht lassen können? Wenn das euer Wunsch ist, so will ich euch zusammenschweißen, und ihr werdet ineinander wachsen, aus zwei

80 Dingen eins werden und euer ganzes Leben als ein einziges Wesen leben und nach dem Tod in den Hades treten wie zwei, die zusammen gestorben sind? Sagt, ob das eure Sehnsucht ist und dieses Glück sie stillt?" Oh, niemand würde da wohl widersprechen und etwas anderes wollen; gleich Kindern würden alle zu hören glauben, was seit je ihr Sehnen war: mit dem Geliebten verwachsen und ein Wesen mit ihm bilden. Denn so war einst unsere alte Natur: wir waren einst

85 ganz, und jene Begierde nach dem Ganzen ist Eros. Wir waren einst ein Wesen, und weil wir gefrevelt haben, sind wir vom Gott gespalten worden.

Und die Gefahr besteht fort, dass wir noch einmal gespalten werden, wenn wir nicht fromm gegen die Götter sind, und dass wir dann herumgehen wie die Reliefs auf den Grabsteinen mit zersägten Nasen. Damit wir nun diesem Schicksal entgehen und jenes andere Ziel erreichen, muss

90 jeder Mensch den anderen ermuntern, die Götter zu ehren, und Eros ist uns zu jenem Ziel Führer. Ihm soll niemand zuwiderhandeln, und wer die Götter verspottet, der handelt ihm zuwider. Nur als des Gottes Freunde und mit ihm versöhnt, werden wir, was heute nur wenigen gelingt, unsere echten Geliebten finden.

Ich behaupte, das Menschengeschlecht könne nur heil sein, wenn wir uns in der Liebe vollen-

95 den und jeder seinen eingeborenen Geliebten findet und so zur alten Natur zurückkehrt. Und wenn das unser Ziel ist, so muss gut sein, was diesem am nächsten kommt: unter allen den Geliebten finden, der uns versteht. Und wenn wir den Gott, dem wir das verdanken, preisen sollen, so müssen wir Eros preisen, denn wie kein anderer hilft er uns hier zu uns selbst und gibt uns die sicherste Hoffnung, wenn wir den Göttern gegenüber fromm sind, uns zu unserer alten

100 Natur zurückzubringen und uns heil und selig zu machen.

7 **t**ext

Aeneas Silvius Piccolomini,
carmen 1,66 b

Sie rät ihm: Ehefrau mit Tagesfreizeit

Das folgende Gedicht stammt zwar von einem Mann, die Sprecherin aber ist eine Frau. Beim Autor, der diese Frau zu Wort kommen lässt, handelt es sich um Aeneas Silvius Piccolomini, der zu den bedeutendsten humanistischen Gelehrten gehört. Wer dieses Gedicht liest, wird kaum glauben können, dass er später sogar Papst wurde (Pius II.).

1 Noctu[1] me quaeris, sed habet me nocte maritus:
    iura maritorum laedere, crede, nefas[2].
Ille diem patrio totam consumit[3] in agro:
    cur me nocte petis, tempora lucis[4] habens[5]?
5 Forsitan[6] et[7] totus nudusque viderier[8] horres[9]?
    Mi tenebrosa[10] potest nulla placere venus[11].
Quid prodest noctu formosas esse puellas?
    Saepe fuit iuvenis[12] credita turpis anus[13].
Ergo placere[14] magis si vis mihi, luce venito[15]:
10   nam mihi per tenebras gratia[16] nulla tui est.

1 **1 noctu** = *nocte* **2 nefas**: sc. *est* **3 diem consumere** = *diem agere*; **dies**, -ei h. f.! **4 lux**, lucis f.: h. Tageslicht, Tag **5 habens**: konzessiv
5 6 forsitan: vielleicht **7 et** = *etiam* **8 viderier** = *videri* (h. in der Grundbedeutung: pass. von *video!*) **9 horreo** 2 (+ inf.): sich (vor etwas) scheuen **10 tenebrosus** 3: dunkel; h. in der Dunkelheit **11 venus**, -eris f.: h. Liebesakt **12 iuvenis**, -is f. (!): junges Mädchen; **iuvenis credita**: eine für jung Gehaltene **13 anus**, -us f.: alte Frau, Greisin **14 placeo** 2: h. einen Gefallen tun **15 venito**: imp II = *veni!*
10 16 gratia … tui: Zuneigung zu / Interesse an dir

7 **V**ertiefung

1 Was ist über die Frau, das lyrische Ich, das hier spricht, zu erfahren?

2 Nur an einer einzigen Stelle (➤ V. 6) ist in diesem Gedicht konkret von „Liebe" die Rede. Wieso ist es dennoch ganz klar, dass es hier um Erotik geht?

3 Für wen ist dieses Gedicht deiner Meinung nach eher geschrieben: für Männer oder für Frauen? Wie wirkt sich die Tatsache, dass das Gedicht von einem Mann geschrieben wurde, auf deine Antwort aus?

4 **a** Was erfahren wir über den Beruf des Ehemannes?

   b Worin bestehen also die Vorteile eines Besuches bei Tageslicht?

5 Mit welchen Worten wird der Liebhaber ein wenig gehänselt?

Abb. 8: Aeneas Silvius Piccolomini (geb. 1405 in Siena) **als Papst Pius II.**, *Medaille aus Anlass der 600. Wiederkehr seines Geburtstages*

Will er sie? Ein Liebesschwur und seine Folgen

1 Nulla tuum nobis[1] subducet[2] femina lectum:
    hoc primum iuncta est foedere[3] nostra venus.
Tu mihi sola places nec iam te praeter[4] in urbe
    formosa est oculis ulla puella meis.
5 Atque utinam posses uni mihi bella videri!
    Displiceas[5] aliis: sic ego tutus ero.
Nil opus invidia est, procul[6] absit gloria[7] vulgi:
    qui sapit[8], in tacito[9] gaudeat ille sinu[10].
Sic ego secretis[11] possum bene vivere silvis,
10   qua[12] nulla humano sit[13] via trita[14] pede.
Tu[15] mihi curarum requies, tu nocte vel[16] atra
    lumen, et in solis[17] tu mihi turba[18] locis.
Nunc licet[19] e caelo mittatur amica Tibullo,
    mittetur frustra deficietque[20] Venus.
15 Hoc tibi sancta tuae Iunonis numina iuro[21],
    quae sola ante alios est mihi magna deos.
Quid facio demens[22]? Heu! heu! mea pignora[23]
                              cedo[24];
    iuravi stulte: proderat[25] iste[26] timor.
Nunc tu fortis eris, nunc tu me audacius ures[27]:
20   hoc peperit[28] misero[29] garrula[30] lingua malum.
Iam faciam, quodcumque voles, tuus usque
                             manebo
    nec fugiam notae servitium dominae,
sed Veneris sanctae considam vinctus[31] ad aras:
    haec notat[32] iniustos supplicibusque[33] favet.

1 **1 nobis** = *mihi* (poet. pl.) **2 subduco** 3: entführen, wegnehmen **3 foedus**, -eris n.: Vertrag, Abkommen **4 te praeter** = *praeter te*

5 **5 displiceo** 2 = Gegenteil zu *placeo* **6 procul**: sc. *a me* **7 gloria**, -ae: h. Prahlerei **8 sapio** 3M: klug sein **9 tacito**: im Dt. als adv. **10 sinus**, -us: h. Herz, Inneres **11 secretus** 3: entlegen, einsam

10 **12 qua**: wo **13 sit**: konsek. coni.; im Dt. ind. **14 tero** 3, trivi, tritum: betreten **15 tu**: sc. *es* **16 vel**: sogar **17 solus** 3: h. einsam **18 turba**, -ae: (genügend) Gesellschaft **19 licet** (+ coni.): wenn auch **20 deficio** 3M: versagen

15 **21 iuro** 1 + acc. (*numina*): schwören bei **22 demens**, -ntis: wahnsinnig, von Sinnen **23 pignus**, -oris n.: Pfand **24 cedo** 3: h. aus der Hand geben **25 proderat**: von *prosum* **26 iste** **timor** = *tuus timor* (sc. *ne aliam amem*) **27 uro** 3: verbrennen; h. quälen, peinigen

20 **28 pario** 3M, peperi: h. zuwege bringen, bewirken **29 misero**: sc. *mihi* **30 garrulus** 3: geschwätzig **31 vincio** 4, vinxi, vinctum: fesseln **32 noto** 1: tadeln, züchtigen **33 supplex**, -icis: schutzflehend (h. als subst.)

 k_{ommentar}

15 Iunonis: Iuno ist die Schutzgöttin der Frauen, speziell auch im Hinblick auf die eheliche Treue.
17 pignora cedo: Unter einem Pfand versteht man normalerweise einen Gegenstand, der einem in irgendeinem Bereich eine gewisse Sicherheit verschafft. Hier ist mit *pignora* die Möglichkeit gemeint, sich einer anderen Frau als der Adressatin dieses Gedichts zuzuwenden. Indem der Verfasser diese Möglichkeit ausschließt, liefert er sich schutzlos seiner Geliebten aus, denn bisher hatte sie genau das gefürchtet (➤ V. 18).
23 ad aras: Der Altar einer Gottheit ist stets der Ort, an dem ein Schutzflehender Zuflucht findet. Der Verfasser, der gleichsam ein Gefangener ist, stellt sich hier also unter den Schutz der Göttin Venus.

8 Vertiefung

1 Zur Gesamtaussage:

   a Was erfahren wir über die Beziehung zwischen dem lyrischen Ich und der Adressatin des Gedichts?

   b Welche Gefühle werden erwähnt?

   c Hast du den Eindruck, dass es eine glückliche Beziehung ist? Warum (nicht)?

2 Welche zentrale Aussage, verstärkt durch eine mehrfache Anapher (➤ Kleine Stilkunde, S. 117), steht fast genau in der Mitte des Gedichts?

3 Welche Verben und Substantive beschreiben das Leiden des lyrischen Ichs?

4 Wer könnte mit *iniustos*, wer mit *supplicibus* (➤ V. 24) gemeint sein? Inwiefern wird durch diesen Vers eine Warnung ausgesprochen?

5 Wie erklärt sich die Schreibung *venus* in V. 2 gegenüber der Schreibung *Venus* in V. 14 bzw. *Veneris* in V. 23?

9 Text

Carmen Buranum 126

Versmaß: vierfüßiger katalektischer Trochäus (➤ K)

Sie hatte ihn – und ein Problem: Nicht aufgepasst

1 Húc usqué[1] – me míserám![2] –
rém bené celáverám
ét amávi cállidé[3].

| 1 huc usque: bisher 2 me miseram: acc. des Ausrufs, im Dt. nom. 3 callidus 3: klug |

2 Res mea tandem patuit,
5 nam venter intumuit[4],
partus[5] instat[6] gravidae[7].

| 2 4 intumesco 3, -tumui: anschwellen 5 partus, -us: Geburt 6 insto 1: bevorstehen 7 gravidus 3: schwanger; sc. *mihi* |

3 Hinc[8] mater me verberat[9],
hinc pater improperat[10],
ambo tractant[11] aspere.

| 3 8 hinc: daher 9 verbero 1: schlagen 10 improperat 1: Vorwürfe machen 11 tracto 1: behandeln; sc. *me* |

4 10 Sola domi sedeo,
egredi non audeo
nec in palam[12] ludere[13].

| 4 12 in palam: in der Öffentlichkeit 13 ludo 3: h. tanzen, sich vergnügen |

5 Cum foris[14] egredior,
a cunctis inspicior,
15 quasi[15] monstrum fuerim[16].

| 5 14 foris: hinaus 15 quasi: als ob 16 fuerim = *sim:* „wäre" |

6 Cum vident hunc uterum[17],
alter pulsat[18] alterum,
silent[19], dum[20] transierim.

| 6 17 uterus, i: Bauch 18 pulso 1: anstoßen 19 sileo 2: schweigen 20 dum (h. + coni.): bis |

7 Semper pulsant cubito[21],
  20 me designant[22] digito,
ac si[23] mirum[24] fecerim.

8 Nutibus[25] me indicant[26],
dignam[27] rogo[28] iudicant,
quod semel peccaverim.

9 25 Quid[29] percurram[30] singula?
Ego sum in fabula[31]
et in ore omnium.

10 Ex eo[32] vim patior,
iam dolore morior,
  30 semper sum in lacrimis.

11 Hoc dolorem cumulat[33],
quod amicus exulat[34]
propter illud paululum[35].

12 Ob patris saevitiam[36]
  35 recessit[37] in Franciam
a[38] finibus ultimis.

13 Sum in tristitia
de eius absentia
in doloris cumulum[39].

7 **21 cubitum**, -i: Ellbogen **22 designo** 1: zeigen auf **23 ac si**: als ob **24 mirum**: sc. *quid (= aliquid)*

8 **25 nutus**, -us: Wink, Augenzwinkern **26 indico** 1: verweisen auf **27 dignam**: sc. *me esse* **28 rogus**, -i: Scheiterhaufen; **rogo**: abl., abh. von *dignam*

9 **29 quid**: wozu **30 percurro** 3: aufzählen **31 fabula**, -ae: Gerede

10 **32 ex eo**: deswegen

11 **33 cumulo** 1: vergrößern **34 exulo** 1: in der Ferne / im Ausland sein **35 paululum**, -i: Kleinigkeit

12 **36 saevitia**, -ae: Wut, Strenge **37 recessit** = *discessit* **38 a finibus ultimis** = *ad fines ultimos*; **fines**: Gebiet

13 **39 cumulus**, -i: Übermaß

Kommentar

Carmen Buranum 126

Versmaß: Basis ist der Trochäus (— ◡); die meisten Verse sind vierfüßige katalektische Trochäen (katalektisch = letzter Versfuß unvollständig), d. h. vier betonte, drei unbetonte Silben.
Schema: — ◡ — ◡ — ◡ —
Ausnahmen: V. 4 beginnt mit einer unbetonten Silbe (eine Art Auftakt), V. 37 ist „akephal", d. h. die erste betonte Silbe fehlt, der Vers beginnt daher mit einer unbetonten Silbe.

Vertiefung

1 Ab welchem Moment weiß man, dass es sich beim lyrischen Ich um eine Frau handelt?

2 Was genau ist mit *rem / res* in V. 2 und V. 4 gemeint? Bezeichnen die beiden Wörter das Gleiche oder Unterschiedliches?

3 Welches Wort deutet an, dass die Religion Teil des Problems ist?

4 Warum ist das Gedicht in so besonders schlichter Sprache geschrieben?

5 Aus welchem Wort spricht bittere Ironie?

6 Wie aktuell ist dieses Gedicht?

a Welche der hier genannten Probleme könnte ein Mädchen heute in dieser Situation haben?

b Welche wären heute undenkbar?

c Das Problem „ungewollte Schwangerschaft" ist zweifellos auch heute noch ein Thema. Wie geht unsere Gesellschaft damit um?

d Welche Option, die heute in diesem Zusammenhang oft diskutiert wird, spielt in diesem Gedicht überhaupt keine Rolle?

 **10**t ext

Ovid,
Amores I 5

Er kriegt sie: High Noon

1 Aestus[1] erat, mediamque[2] dies exegerat[3] horam;
   adposui medio membra levanda[4] toro[5].
Pars adaperta[6] fuit, pars altera clausa fenestrae;
   quale[7] fere silvae lumen habere solent,
5 qualia[7] sublucent[8] fugiente crepuscula[9] Phoebo[10],
   aut ubi nox abiit, nec tamen orta[11] dies.
Illa verecundis[12] lux est praebenda puellis,
   qua[13] timidus latebras[14] speret habere pudor.
Ecce, Corinna venit, tunica velata[15] recincta[16],
10   candida dividua[17] colla tegente coma –
qualiter in thalamos famosa[18] Semiramis isse
   dicitur, et multis[19] Laïs amata viris.
Deripui[20] tunicam – nec multum rara[21] nocebat[22];
   pugnabat[23] tunica sed tamen illa tegi.
15 Quae cum ita pugnaret, tamquam[24] quae
                 vincere nollet,
   victa est non aegre[25] proditione[26] sua.
Ut stetit ante oculos posito[27] velamine[28] nostros[29],
   in toto nusquam corpore menda[30] fuit.
Quos umeros, quales vidi tetigique lacertos[31]!
20   Forma papillarum[32] quam fuit apta premi!
Quam castigato[33] planus[34] sub pectore venter,
   quantum et quale latus, quam iuvenale[35]
                  femur[36]!

1 1 aestus, -us: Mittagshitze **2 media hora**: Mittagsstunde **3 exigo** 3, -egi, -actum: zurücklegen, vollenden **4 levo** 1: erfrischen, ausruhen; **levanda** = *ad levandum* **5 torus, -i**: Sofa **6 adaperta** = *aperta*

5 7 quale, qualia: wie **8 subluceo** 2: unten hervorschimmern **9 crepusculum, -i**: Abenddämmerung; **crepuscula**: poet. pl., im Dt. sg. **10 Phoebus, -i**: Sonne(ngott) (➤ K) **11 orta**: sc. *est* (*dies*, h. f.) **12 verecundus** 3: schüchtern **13 qua ... speret**: finaler Rel.-Satz: damit ... dadurch erhoffen kann ... **14 latebra, -ae**: Versteck **15 velo** 1: bekleiden **16 recinctus** 3: (zu *tunica*!) aufgegürtet, frei herabhängend

10 17 dividuus 3: (zu *coma*!) geteilt **18 famosus** 3: berühmt **19 multis ... viris** = *a multis viris* (dat. auct.) **20 deripio** 3M, -ripui: herunterreißen **21 rara** (sc. *tunica*): h. dünn **22 noceo** 2: h. hinderlich sein **23 pugnabat ... tegi**: Reihung: *sed tamen illa* (= Corinna) *pugnabat* (= kämpfte darum) *tunica* (= abl.) *tegi*

15 24 tamquam quae: wie eine, die **25 aegre**: mit Mühe **26 proditio, -onis** f.: Verrat; **proditione sua**: durch Verrat an sich selbst (➤ K) **27 posito** = *deposito* **28 velamen, -inis** n. = *tunica* **29 nostros** = *meos* **30 menda, -ae**: Fehler, Makel **31 lacertus, -i**: Arm

20 32 papilla, -ae: Brust **33 castigatus** 3: straff **34 planus** 3: flach **35 iuvenalis, -e**: jugendlich **36 femur, -oris** n.: Schenkel

           Latein in unserer Zeit • Amor vincit omnia

Singula quid referam[37]? Nil non laudabile vidi
et[38] nudam pressi corpus ad usque meum.
25 Cetera quis nescit? Lassi[39] requievimus ambo.
Proveniant medii[40] sic mihi saepe dies!

37 referam: coni. dubitativus **38 et … meum**:
Reihung: *et nudam* (sc. *Corinnam*) *usque ad (= ad)
corpus meum pressi*
25 39 lassus 3: erschöpft **40 medii dies**: Mittagsstunden

Kommentar

Ovid,
Amores I 5

4 ff. quale … dies: Der hier eingeschobene ausführliche Vergleich im hohen epischen Stil dient einerseits zur Retardierung (= Verzögerung) der Handlung und deutet andererseits darauf hin, dass ein besonders wichtiges Ereignis bevorsteht. Diese ironische Verwendung ist typisch für Ovids Stil.

5 Phoebo: Der Gott Apollo wurde in der Antike oft mit dem Sonnengott gleichgesetzt. Hier steht sein Name metonymisch für die Sonne.

9 Corinna: fiktiver Name einer Geliebten Ovids, die in zahlreichen seiner Gedichte vorkommt

11 Semiramis: legendäre Königin von Babylon, berühmt für ihre Schönheit

12 Laïs: häufiger Name von Hetären

16 proditione sua: Dadurch, dass das Mädchen sich so leicht *(non aegre)* erobern ließ, „verriet" sie, dass sie selbst gar nicht abgeneigt war.

Vertiefung

1 Inwieweit werden die handelnden Personen
beschrieben?

   a Welche Details erfahren wir über Corinna?
Welchen Vorteil hat es für den (ursprünglich
sicher vor allem als männlich gedachten) Leser,
dass die Beschreibung der Frau sehr allgemein
bleibt?

   b Was erfahren wir über das lyrische Ich?

2 Was lässt sich aus dem Text über das Verhältnis
der beiden Personen zueinander schließen?

3 Wie war's?

   a Wem hat „es" (das *High-Noon*-Erlebnis)
gefallen? (Beachte vor allem auch den letzten
Vers!)

   b Wer hat es gewollt? (Weshalb ist eine Antwort
auf diese Frage nur sehr eingeschränkt möglich?)

*Abb. 9: Henri Matisse, Nu au Bracelet,
Linolschnitt (1940)*

4 Dieses Gedicht ist selten in Schulausgaben zu finden, weil es, wie manche meinen, an
Pornografie grenze. Andere finden, es sei erotisch, nicht mehr. Finde Argumente für beide
Ansichten. Vergleiche dazu auch die Definitionen in ET 1 (zu T 4 ➤ S. 7 f.).

5 Ovid ist auch als Verfasser des Lehrgedichtes „Ars amatoria" („Die Kunst des Liebens")
bekannt. Mit welchem Satz verrät er sich in diesem Gedicht als „Didaktiker"?

Teil II
„DU"

Catull,
carmen 45

Versmaß: Hendekasyllabus

Liebesglück

1 Acmen[1] Septimius, suos amores[2],
  tenens in gremio[3]: „Mea", inquit, „Acme,
  ni[4] te perdite[5] amo atque amare porro[6]
  omnes sum assidue[7] paratus annos,
   5 quantum[8] qui pote[9] plurimum perire[10],
  solus in Libya Indiaque tosta[11]
  caesio[12] veniam obvius[13] leoni."
  Hoc ut dixit, Amor, sinistra[14] ut ante,
  dextra[14] sternuit[15] approbationem[16].

2 10 At Acme leviter caput reflectens[17]
  et dulcis pueri ebrios[18] ocellos[19]
  illo purpureo ore saviata[20]:
  „Sic", inquit, „mea vita, Septimille[21],
  huic uni domino usque serviamus,
  15 ut multo mihi maior acriorque
  ignis mollibus ardet in medullis[22]."
  Hoc ut dixit, Amor, sinistra ut ante,
  dextra sternuit approbationem.

3 Nunc ab auspicio bono profecti
  20 mutuis animis amant amantur.
  Unam Septimius misellus[23] Acmen
  mavult[24] quam Syrias[25] Britanniasque:
  uno in Septimio fidelis Acme
  facit[26] delicias[27] libidinesque[28].
  25 Quis ullos homines beatiores
  vidit, quis Venerem auspicatiorem[29]?

Abb. 10: Johann Nepomuk Schaller, Der jugendliche Amor, Carrara-Marmor (1815/1816), Wien, Österreichische Galerie Belvedere

1 **1 Acmen**: acc. des griech. Mädchennamens *Acme* **2 amor**, -is m.: h. Geliebte (*abstractum pro concreto*); *amores*: poet. pl., im Dt. sg. **3 gremium**, -i: Schoß **4 ni** = *nisi* **5 perdite** 3 (adv.): bis zur Verzweiflung, bis zur Selbstaufgabe **6 porro**: weiterhin **7 assidue**: fortwährend, stets **8 quantum qui**: wie einer, der **9 pote** = *potest* **10 plurimum perire**: vor Liebe völlig vergehen **11 torreo** 2, torrui, tostum: verbrennen, versengen **12 caesius** 3: grauäugig **13 obvius** 3: entgegen **14 sinistra, dextra**: sc. *parte* **15 sternuo** 3, sternui: niesen **16 approbatio**, -onis f.: Zustimmung

2 **17 reflecto** 3: zurückbeugen **18 ebrius** 3: betrunken, h. liebestrunken **19 ocellus**, -i: Auge (Deminutiv) **20 savior** 1: küssen; **saviata**: part. coni. zu *Acme* **21 Septimillus**: Deminutiv zu *Septimius* **22 medulla**, -ae: Mark; Innerstes

3 **23 misellus** 3: Deminutiv zu *miser* **24 mavult**: 3. sg. von *malo, malle*: lieber wollen **25 Syrias Britanniasque**: Länder wie … **26 facere** (sc. *sibi*): h. sich verschaffen **27 deliciae**, -arum: Lust, Vergnügen **28 libido**, -inis f.: Begierde, Lust **29 auspicatus** 3: glücklich, Glück verheißend

 **ommentar**

1 Acmen: Das griech. Wort *akmé* bedeutet „Blüte", der Name symbolisiert also die Schönheit des Mädchens.

Libya Indiaque tosta: Durch die Nennung der entlegensten (und somit am gefährlichsten anmutenden) Gebiete der damals bekannten Welt, verbunden mit der Vorstellung einer besonders gefährlichen Situation, will der Liebhaber seinem Schwur besondere Bedeutung verleihen.

caesio: Die Verwendung eines schmückenden Beiwortes *(epitheton ornans)* ist ein poetischer Topos (➤ S. 118).

Amor ... sternuit: Niesen galt in der Antike als gutes Omen. Wenn Amor niest, steht die Liebesbeziehung also unter einem besonders glücklichen Stern.

2 huic uni domino: Zwei Interpretationen sind möglich: 1. Gemeint ist Septimius, dann ist *serviamus* poet. Plural, also als *serviam* zu verstehen. 2. Gemeint ist Amor, der gerade seine Zustimmung ausgedrückt hat.

 **ertiefung**

1 Das Gedicht ist in drei Strophen gegliedert. Fasse jede mit einem ganz kurzen Satz / einer Überschrift zusammen.

2 ➤ V. 7: Abgesehen davon, dass Catull sich mit derartigen Details *(leo caesius)* als besonders gelehrt gibt, kannst du dir noch einen anderen Grund denken, warum ausgerechnet die Augenfarbe des Löwen erwähnt wird?

3 Mit welchen Worten versucht Acme Septimius zu überbieten?

4 ➤ V. 14: Welche der beiden im Kommentar angedeuteten Interpretationen erscheint dir wahrscheinlicher? Was spricht für die eine, was für die andere Interpretation?

5 Wie wird die enge Liebesverbindung der beiden in der dritten Strophe auch sprachlich ausgedrückt?

6 Warum wird der doch offensichtlich glücklich verliebte Septimius dennoch als *misellus* (➤ V. 21) bezeichnet?

 **ext**

Versmaß: erste asklepiadeische Strophe (➤ K)

Alte Liebe rostet nicht

1 „Dónec[1] grátus erám tibí
    néc quisquám[2] potiór[3] brácchia cándidaé
cérvicí[4] iuvenís dabát,
    Pérsarúm viguí[5] rége beátiór."

1 1 donec: solange **2 quisquam** = *ullus* (zu *iuvenis*) **3 potior, -ius**: eher **4 cervix, -icis** f.: Nacken; **cervi-ci**: sc. *tuae* **5 vigeo** 2: in Blüte stehen, h. leben

2 5 „Donec non alia[6] magis
   arsisti[7] neque erat Lydia post Chloën[8],
multi[9] Lydia nominis,
   Romana vigui clarior Ilia."

3 „Me nunc Thressa[10] Chloë regit,
10   dulcis[11] docta modos[12] et citharae sciens,
pro qua non metuam mori,
   si parcent animae[13] fata[14] superstiti[15]."

4 „Me torret[16] face[17] mutua
   Thurini[18] Calais[19] filius Ornyti[20],
15 pro quo bis patiar mori,
   si parcent puero fata superstiti."

5 „Quid si prisca[21] redit Venus
   diductosque[22] iugo cogit aëneo[23],
si flava[24] excutitur[25] Chloë
20   reiectaeque[26] patet ianua Lydiae?"

6 „Quamquam sidere[27] pulchrior
   ille est, tu levior[28] cortice[29] et inprobo
iracundior[30] Hadria[31],
   tecum vivere amem, tecum obeam[32]
                                    lubens[33]."

---

2 6 alia: sc. *puella* (abl.!) **7 ardeo** 2, arsi (+ abl.): verliebt sein in **8 Chloën**: acc. des griech. Mädchenamens *Chloë* **9 multi nominis**: berühmt, weithin bekannt (gen. qual.)

3 10 Thressa, -ae: Thrakerin (Thrakien ist eine Landschaft in Nordgriechenland) **11 dulcis** = *dulces* **12 modus**, -i: Melodie; **dulces modos**: acc. Graecus = acc. der Beziehung: „(gelehrt) in …" **13 anima**, -ae: Seele; sc. *eius* (i. e. *Chloës*) **14 fata**: Subj., im Dt. sg. **15 superstiti**: (zu *animae*) „sodass sie am Leben bleibt" (so gen. Prolepse = Vorwegnahme des Attributs mit konsek. Sinn)

4 16 torreo 2: entflammen, erglühen lassen **17 fax**, facis f.: Fackel, Glut **18 Thurinus** 3: aus Thurioi (in Süditalien) **19 Calais**: Männername (nom.) **20 Ornytus**, -i: Männername

5 21 priscus 3: vormalig, früher(e) **22 diduco** 3, -duxi, -ductum: entzweien **23 aëneus** 3 (viersilbig zu lesen!): ehern, fest **24 flavus** 3: blond **25 excutio** 3M: abschütteln, verstoßen **26 reicio** 3M, -ieci, -iectum: zurückweisen, verstoßen; **reiectae Lydiae**: dat.

6 27 sidus, -eris n.: Stern **28 levis**, -e: leicht, unzuverlässig **29 cortex**, -icis: Kork **30 iracundus** 3: jähzornig, aufbrausend **31 Hadria**, -ae m.: die Adria **32 obeo**, -ire: sterben **33 lubens**, -ntis = *libens*: gerne (im Dt. adv.)

 ommentar

Horaz,
carmen III 9

Versmaß: Die so genannte „Erste asklepiadeische Strophe" (benannt nach dem griech. Dichter Asklepiades) setzt sich aus einem kürzeren Vers (Glykonéus) und einem längeren *(Asclepiadeus minor)* zusammen.
Schema:

$$\overset{\smile}{\cup}-\;\overset{\shortmid}{-}\cup\cup\overset{\shortmid}{-}\cup\overset{\smile}{\cup}$$
$$\overset{\smile}{\cup}-\;\overset{\shortmid}{-}\cup\cup\overset{\shortmid}{-}\;||\;\overset{\shortmid}{-}\cup\cup\overset{\shortmid}{-}\;\cup\overset{\smile}{\cup}$$

1 Persarum rege: Aufgrund seiner Macht und seines Reichtums stand der Perserkönig in der Antike symbolisch für die höchste Stufe des menschlichen Glücks.

2 Romana Ilia: Gemeint ist Rhea Silvia, die Mutter der Zwillinge Romulus und Remus. Den Beinamen *Ilia* („die Trojanerin") hat sie aufgrund der Verbindung der Familie mit Aeneas, der aus Troja geflüchtet war.

3 dulcis … sciens: Zum Idealbild der Frau gehörten in der Antike nicht nur die körperliche Schönheit, sondern auch gewisse Fertigkeiten, z. B. im musischen Bereich (Gesang und Zitherspiel).

4 Thurini … Ornyti: Die (vor allem im griech. Bereich) in der Antike verbreitetste Form der Namensangabe besteht aus Name, Vatersname (Sohn des …) und Ort der Herkunft.

1 In mittelalterlichen Handschriften gibt es kaum Satzzeichen; die Anführungszeichen in dieser Ausgabe wurden also von den Herausgebern gesetzt.

   a Welche Hinweise oder Anhaltspunkte im Text waren dafür ausschlaggebend?

   b An welcher Stelle merkt man zum ersten Mal ganz deutlich, dass es zwei sprechende Personen gibt?

2 Drei der beteiligten Personen werden beim Namen genannt – wie heißen sie? Und wer könnte die vierte Person sein?

3 Welche Strophen decken welche Zeitebenen ab (inhaltlich, nicht grammatikalisch!)?

4 Durch welche Wendungen will das Mädchen den Mann noch übertreffen?

5 Welches Wort in der letzten Strophe ist eigentlich unübersetzbar, da man sich entweder für eine sinnvolle Bedeutung oder für die Beibehaltung des Bildes entscheiden muss?

Abb. 11: Auguste Rodin, Der Kuss, Marmor (1886), Paris, Musée Rodin

13 text

Alttestamentliche Liebe: Das Hohelied

Das Hohelied – gelegentlich auch das „Hohelied Salomos" genannt – ist in seiner überlieferten Form wahrscheinlich um 500 v. Chr. entstanden und damit der älteste Text in diesem Buch. Es steht in der Bibel, im Alten Testament, dessen Originalversion in hebräischer Sprache geschrieben ist. Sein hebräischer Name „Shir ha Shirim" bedeutet „Lied der Lieder"; deshalb heißt das Gedicht in der lateinischen Version *„Canticum Canticorum"*. Die Bezeichnung „Hohes Lied" geht auf Martin Luther zurück.

Das Hohelied ist ein erotisches Gedicht, in dem zwei Liebende sich – gelegentlich begleitet von einem Chor – gegenseitig besingen, und hat seinen christlichen Auslegern sehr viele Rätsel aufgegeben. Wer es geschrieben hat, ist ungeklärt – lange galt der berühmte König Salomo als Autor, doch dafür gibt es keine gültigen Belege. Fest steht, dass das Hohelied der Tradition altorientalischer Hochzeitslieder entstammt und großen Einfluss auf die europäische Liebeslyrik ausübte.

Wer das Gedicht heute liest, wird kaum glauben können, dass zur Erbauung der mittelalterlichen Nonnen und Mönche der Mann als Jesus Christus gedeutet wurde und die Frau entweder als Jungfrau Maria oder als fromme Seele.

1 „Osculetur[1] me osculo oris[2] sui, quia meliora sunt
   ubera[3] tua vino:
   Fragrantia[4] unguentis[5] optimis, oleum[6] effusum
   nomen tuum; ideo adulescentulae[7] dilexerunt[8] te.
 5 Trahe me post te! Curremus[9]!
   Introduxit me rex in cellaria[10] sua; exultabimus[11]
   et laetabimur[12] in te memores uberum tuorum
   super vinum; recti[13] diligunt te."
2 „Nigra[14] sum, sed formosa[15], filiae Hierusalem[16], si-
10 cut tabernacula Cedar[17], sicut pelles Salomonis[18].
   Nolite me considerare[19], quod fusca[20] sim, quia
   decoloravit[21] me sol. Filii matris meae pugnave-
   runt contra me; posuerunt me custodem in vineis[22], vineam meam non custodivi.
15 Indica[23] mihi, quem diligit anima mea, ubi pas-
   cas[24], ubi cubes[25] in meridie, ne vagari[26] incipiam
   per greges[27] sodalium tuorum."
3 „Si ignoras te[28], o pulchra inter mulieres, egredere[29] et abi post vestigia gregum et pasce haedos[30]
20 tuos iuxta tabernacula[17] pastorum.
   Equitatui[31] meo in curribus Pharaonis[32] adsimila-
   vi[33] te, amica mea.
   Pulchrae sunt genae[34] tuae sicut turturis[35], collum
   tuum sicut monilia[36].
25 Murenulas[37] aureas faciemus tibi vermiculatas[38]
   argento."
4 „Dum[39] esset rex in accubitu[40] suo, nardus[41] mea
   dedit odorem suum.
   Fasciculus[42] murrae[43] dilectus meus
30 mihi inter ubera mea commorabitur[44]. Botrus cypri[45] dilectus meus mihi in vineis Engaddi[46]."
5 „Ecce tu pulchra es, amica mea, ecce tu pulchra:
   oculi tui columbarum[47]."
6 „Ecce tu pulcher es, dilecte mi, et decorus. Lectu-
35 lus[48] noster floridus, tigna[49] domorum nostrarum
   cedrina[50], laquearia[51] nostra cypressina."
7 „Ego flos campi et lilium convallium[52]."
8 „Sicut lilium inter spinas[53] sic amica mea inter fi-
   lias."

---

1 **1 osculor** 1: küssen **2 os**, -oris n.: Mund
3 ubera, -erum n. pl.: Brüste (➤ K) **4 fragran-**
tia, -ae: Wohlgeruch **5 unguenta**, -orum: Salben **6 oleum effusum**: sc. *est*; **effusum** h. ad-
jektivisch; **nomen tuum**: als Prädikatsnomen!
7 adulescentula, -ae: Mädchen, junge Frau
8 dilexerunt = *diligunt* **9 curremus** = *curramus*
10 cellarium, -i: „Zelle", Keller, h. Stube,
Schlafzimmer **11 exulto** 1: jubeln **12 laetor** 1:
sich freuen **13 rectus** 3: gerecht

2 **14 niger**, nigra, nigrum: schwarz **15 formo-**
sus 3: schön **16 Hierusalem**: indekl., h. gen.:
Jerusalem (➤ K) **17 tabernacula Cedar**: die
Zelte der Kedar-Beduinen (➤ K) **18 pelles Sa-**
lomonis (➤ K) **19 considero** 1: h. verächtlich
betrachten; **nolite considerare**: Verbot **20 fus-**
cus 3: dunkel, dunkelhäutig **21 decoloro** 1:
verfärben **22 vinea**, -ae: Weinberg **23 indico** 1:
zeigen **24 pasco** 3: weiden **25 cubo** 1: liegen,
ruhen **26 vagor** 1: umherschweifen, umherirren
27 grex, gregis m.: Herde

3 **28 ignoras te** = *ignoras* **29 egredior** 3M:
hinausgehen; **egredere**: imp. sg. **30 haedus**, -i:
Bock, Ziegenbock

31 equitatus, -us: Reiterei **32 currus Pharao-**
nis: Streitwagen des Pharao (➤ K) **33 adsimi-**
lo 1: h. vergleichen **34 gena**, -ae: Wange
35 turtur, -ris m.: Turteltaube **36 monile**, -is n.:
Halsband **37 murenula**, -ae: Halskette, Ge-
schmeide **38 vermiculatus** 3: mit Anhängern
verziert

4 **39 dum** = *cum* **40 accubitus**, -us: Tisch;
Speisezimmer **41 nardus**, -i f.: Narde, Narden-
öl (➤ K) **42 fasciculus**, -i: Strauß (prädikativ:
„als") **43 murra**, -ae: Myrrhe **44 commoror** 1:
verweilen

45 botrus Cypri: Trauben des Zyper-Baumes
(= Henna) **46 Engaddi**: indekl. hebräischer
Name der Oase En-Gedi am Toten Meer; h. gen.

5 **47 columba**, -ae: Taube; sc. *sunt*

6 **48 lectulus**, -i: Bett **49 tignum**, -i: Balken
50 cedrinus 3: aus Zedernholz **51 laquearia**,
-ium n. pl.: getäfelte Decke (➤ K)

7 **52 convallium** = *vallium* (➤ K)

8 **53 spina**, -ae: Dorn

9 40 „Sicut malum[54] inter ligna[55] silvarum sic dilectus meus inter filios. Sub umbra illius, quem desideraveram, sedi et fructus eius dulcis gutturi[56] meo. Introduxit me in cellam vinariam[57], ordinavit[58] in me caritatem.

45 Fulcite[59] me floribus, stipate[60] me malis[54], quia amore langueo[61].

Laeva[62] eius sub capite meo et dextera illius amplexabitur me.“

9 **54 malum**, -i: Frucht, Apfel **55 ligna** = *arbores* **56 guttur**, -uris n.: Kehle **57 cella vinaria**: Weinkeller **58 ordino** 1: h. einrichten, gründen **59 fulcio** 4: stützen **60 stipo** 1: anfüllen **61 langueo** 2: entkräftet sein, verschmachten **62 laeva**: sc. *manus*

 ommentar

Canticum Canticorum 1–2 (adapt.)

1 ubera tua: In anderen Übersetzungen des hebräischen Textes ins Lateinische steht stattdessen *amores tui*.

2 filiae Hierusalem: „ihr Töchter Jerusalems“. Hier spricht die Frau eine Gruppe von anderen jungen Frauen an, die mit ihr im Dialog stehen.

tabernacula Cedar: Die Kedar-Beduinen waren berühmt für ihre schönen Zelte, die sie aus Ziegenfellen herstellten.

Pelles Salomonis: Felle, die in den Zelten der Nomaden als Liegestätten verwendet wurden

3 In curribus Pharaonis: Streitwagen des Pharao

4 nardus: Das aus der Narde gewonnene Öl war in der Antike das wertvollste Salböl, es wurde auch als Parfüm genützt.

6 Lectulus ... floridus, tigna ... cedrina, laquearia ... cypressina: Die Beschreibung dieses Hochzeitsgemaches, bei dem es sich theoretisch auch um ein „wirkliches“, gebautes Zimmer handeln könnte, weist auf die freie Natur als „Hochzeitsgemach“.

7 Flos campi und lilium convallium: *flos campi* – die Blume des Feldes – ist

Abb. 12: Herr Konrad von Altstetten, „Minnesangs Frühling“, Codex Manesse – Große Heidelberger Liederhandschrift (frühes 14. Jh.), Universitätsbibliothek Heidelberg

die wörtliche Übersetzung für das hebräische Wort für Narzisse, eine weiße Blume; *lilium convallium* – die Lilie der Täler – steht für das hebräische Wort für Anemone, eine rote Blume. Weiß und Rot sind häufige Farben in der orientalischen Liebesdichtung zur Beschreibung einer jungen Frau: Weiß deutet auf die Jungfräulichkeit, Rot auf die Liebe.

1 Versuche, die beiden Liebenden, die hier miteinander im Dialog stehen, zu beschreiben. Was ist über die beiden zu erfahren? Versuche den Kulturraum, dem sie entstammen, zu charakterisieren.

2 **a** In dem Lied kommen zahlreiche Vergleiche vor. Welche werden der Frau, welche dem Mann zugewiesen? Ergänze diese Liste noch mit weiteren Beispielen, die du im vollständigen Text des Hohelieds findest.

b Auf welche Sinne richten sich diese Vergleiche?

c Welche sind dir aus verschiedenen Liebesgedichten vertraut, welche sind dir neu?

ext

Canticum Canticorum 4–5 (adapt.)

Alttestamentliche Liebe: Die Schönheit des Körpers

1 „Quam pulchra es, amica mea, quam pulchra es, capilli tui sicut greges[1] caprarum[2], quae ascenderunt de monte Galaad.

2 Dentes tui sicut greges[1] tonsarum[3], quae
5 ascenderunt de lavacro[4] omnes gemellis fetibus[5], et sterilis[6] non est inter eas.

3 Sicut vitta[7] coccinea[8] labia[9] tua, et eloquium[10] tuum dulce. Sicut fragmen[11] mali punici[12] ita genae[13] tuae absque[14] eo, quod
10 intrinsecus[15] latet.

4 Sicut turris David collum[16] tuum, quae aedificata est cum propugnaculis[17], mille clipei[18] pendent ex ea, omnis armatura[19] fortium. Duo ubera[20] tua sicut duo hinnuli[21]
15 capreae[22] gemelli[5], qui pascuntur[23] in liliis.

5 Tota pulchra es, amica mea, et macula[24] non est in te. Veni de Libano, sponsa, veni de Libano, veni, coronaberis[25] de capite[26] Amana[27], de vertice Sanir[27] et Her-
20 mon[27], de cubilibus[28] leonum[29], de montibus pardorum[29].

6 Vulnerasti[30] cor meum, soror mea sponsa, vulnerasti[30] cor meum in uno oculorum tuorum et in[31] uno crine[32] colli[16] tui.

1 **1 grex**, gregis m.: Herde **2 capra**, -ae: Ziege

2 **3 tonsa**, -ae: geschorenes Schaf **4 lavacrum**, -i: Tränke **5 fetus gemellus**: Zwillingswurf, Zwillinge **6 sterilis**, -e: unfruchtbar

3 **7 vitta**, -ae: Binde, Schärpe **8 coccineus** 3: scharlachfarben, tiefrot **9 labium**, -i: Lippe **10 eloquium**, -i: Rede, Aussprache **11 fragmen**, -inis n.: Stück **12 malum punicum**: Granatapfel (➤ K) **13 gena**, -ae: Wange, Backe **14 absque** + abl.: ohne **15 intrinsecus**: innen drin

4 **16 collum**, -i: Hals **17 propugnaculum**, -i: Bollwerk **18 clipeus**, -i: Schild **19 armatura**, -ae: Bewaffnung **20 ubera**, -erum n. pl.: Brüste **21 hinnulus**, -i: Kitz **22 caprea**, -ae: Reh **23 pasco** 3: weiden

5 **24 macula**, -ae: Makel **25 corono** 1: bekränzen, krönen **26 caput**, -itis n.: h. Gipfel **27 Amana, Sanir, Hermon**: Bergzüge und Berge im Grenzbereich des heutigen Libanon, Syrien und Israel (➤ K) **28 cubile**, -is n.: Lager, Lagerstätte **29 leo**, -onis m.: Löwe **29 pardus**, -i: Panther

6 **30 vulnerasti** = *vulneravisti* **31 in** + abl.: h. durch (instr.) **32 crinis**, -is m.: Haar

7 [25] Quam pulchrae sunt mammae[33] tuae, soror mea sponsa, pulchriora ubera[20] tua vino et odor unguentorum[34] tuorum super omnia aromata[35]. Favus[36] distillans[37] labia[9] tua, sponsa, mel[38] et lac[39] sub lingua tua, et [30] odor vestimentorum[40] tuorum sicut odor turis[41]. Hortus[42] conclusus, soror mea sponsa, hortus conclusus fons signatus[43]."

8 „Ego dormio[44] et cor meum vigilat[45], vox dilecti mei pulsantis[46]: ‚Aperi mihi, soror [35] mea, amica mea, columba mea, inmaculata mea, quia caput meum plenum est rore[47] et cincinni[48] mei guttis[49] noctium.' Quaesivi et non inveni illum, vocavi et non respondit mihi."

9 [40] „Qualis est dilectus tuus, o pulcherrima mulierum, qualis est dilectus tuus, quia sic adiurasti[50] nos."

10 „Dilectus meus candidus et rubicundus[51], electus[52] ex milibus[53]. Caput eius aurum [45] optimum, comae[54] eius sicut elatae palmarum[55] nigrae quasi corvus[56].

11 Oculi eius sicut columbae super rivulos[57] aquarum, quae lacte[39] sunt lotae[58] et resident iuxta fluenta[59] plenissima. Genae[60] il- [50] lius sicut areolae[61] aromatum[35] consitae[62] a pigmentariis[63], labia[9] eius lilia distillantia[37] murram[64] primam. Manus illius tornatiles[65] aureae plenae hyacinthis[66], venter[67] eius eburneus[68] distinctus[69] sapphyris[70]. Crura[71] [55] illius columnae[72] marmoreae, quae fundatae[73] sunt super bases[74] aureas, species[75] eius ut Libani electus[52] ut cedri. Guttur[76] illius suavissimum, et totus desiderabilis.

12 Talis est dilectus meus et iste est amicus [60] meus, filiae Hierusalem."

7 **33 mamma**, -ae: Brust, Busen **34 unguentum**, -i: Salbe **35 aroma**, -atis n.: Duft **36 favus**, -i: Honigwabe, Honig **37 distillo** 1(+ acc.) = *destillo* 1: herabträufeln von, verströmen **38 mel**, mellis n.: Honig **39 lac**, lactis n.: Milch **40 vestimentum**, -i: Kleid, Gewand **41 tus**, turis n.: Weihrauch **42 hortus**, -i: Garten (➤ K) **43 signo** 1: versiegeln

8 **44 dormio** 4: schlafen **45 vigilo** 1: wach sein, wachen **46 pulso** 1: anklopfen **47 ros**, roris m.: Tau **48 cincinnus**, -i: Haarlocke (sc. *pleni sunt*) **49 gutta**, -ae: Tropfen

9 **50 adiuro** 1: beschwören; **adiurasti** = *adiuravisti* (➤ K)

10 **51 rubicundus** 3: rot **52 electus** 3: auserwählt **53 milia**, milium: Tausende **54 coma**, -ae: Haar, Haarpracht **55 elatae palmarum**: junge Palmtriebe **56 corvus**, -i: Rabe

11 **57 rivulus**, -i: kleiner Bach **58 lavo** 1, lavi, lotum: waschen **59 fluentum**, -i: Strömung, Fluss **60** ➤ 13 **61 areola**, -ae: Beet **62 consero** 3, -sevi, -situm: bepflanzen **63 pigmentarius**, -i: Gewürzhändler **64 murra**, -ae: Myrrhe **65 tornatilis**, -is f.: Ring **66 hyacinthus**, -i: Hyazinthe **67 venter**, -tris m.: Bauch, Leib **68 eburneus** 3: elfenbeinern **69 distinctus** 3: besetzt **70 sapphyrus**, -i: Saphir (Edelstein) **71 crus**, cruris n.: Schenkel, Bein **72 columna**, -ae: Säule **73 fundo** 1: gründen **74 basis**, -is f.: Sockel **75 species**, -ei: Gestalt **76 guttur**, -uris n.: Gaumen, h. Mund

14 Kommentar

Canticum Canticorum 4–5 (adapt.)

Die Vergleiche im „Canticum Canticorum" sind teilweise sehr leicht, oft aber ausgesprochen schwer zu verstehen und zu entschlüsseln; bis heute hat sich daran – trotz jahrtausendelanger Forschungs- und Deutungsarbeit – nicht viel geändert. Dies ist einerseits nach wie vor eine Herausforderung für die verschiedenen Wissenschaften, die sich mit dem Hohelied befassen, andererseits aber auch für alle, die es lesen und dadurch angehalten sind, ein eigenes Verständnis für die Vergleiche und Metaphern zu entwickeln.

1 monte Galaad: auch „Gilead", Gebirgslandschaft im heutigen Jordanien, also östlich des Jordan

3 mali punici: Der Granatapfel heißt – bis in die heutige botanische Fachterminologie – „punischer" Apfel, weil ihn angeblich die Punier oder Phönizier verbreitet haben. In der Antike galt er als Symbol für Schönheit und, aufgrund seiner zahlreichen Samenkerne, für Fruchtbarkeit. Seinen roten wohlschmeckenden Kernen wurde aphrodisierende, das heißt: eine liebessteigernde Wirkung zugeschrieben.

4 turris David: David – der hebräische Name wird weder im Griechischen noch im Lateinischen dekliniert – war einer der bedeutendsten Könige Israels. Seine Geschichte wird in den beiden Samuel-Büchern des Alten Testaments erzählt. Was genau mit dem „Turm Davids" gemeint ist, lässt sich nicht mit Bestimmtheit sagen.

5 de Libano: der Name „Libanon" bezeichnet hier nicht den heutigen Staat Libanon, sondern das Libanon-Gebirge, das sich auf einer Länge von ca. 160 km parallel zum Mittelmeer erstreckt, eine Höhe von bis zu 3000 m erreicht und dem Staat den Namen gab. Das Libanongebirge war (und ist) berühmt für seine Wälder und Hölzer, besonders für die in der Antike berühmten „Zedern des Libanon".

de capite Amana, de vertice Sanir et Hermon: Die südlichen Ausläufer des Hermon erstrecken sich bis zu den Golan-Höhen. (Der Hermon ist übrigens hoch genug, dass man dort im Winter Schi fahren kann.)

7 hortus conclusus ... fons signatus: Der verschlossene Garten steht hier für die in den Vorstellungen des Alten Orients mit der Frau verbundene Erde und Fruchtbarkeit; „verschlossen" ist der Garten deshalb, weil eine Frau bis zu ihrer Ehe keusch leben sollte. Ein fruchtbarer Garten braucht eine Quelle – so wird er zu einer Oase, zu einem Paradies –, und auch die Tatsache, dass die Quelle als „versiegelt" bezeichnet wird, deutet auf das Keuschheitsideal der Antike für junge unverheiratete Frauen.

9 adiurasti nos: Hier spricht weder die Frau noch der Mann, sondern eine Gruppe von Frauen, die mit der Frau im Dialog stehen; sie sind es, denen die Frau auf ihre Aufforderung hin den Mann beschreibt. Am Ende dieses Textes spricht die Frau diese Gruppe dann an: **filiae Hierusalem** – „ihr Töchter Jerusalems".

 **ertiefung**

1 Womit werden die Körper und Körperteile der Liebenden verglichen? Aus welchen Lebensbereichen stammen die Vergleiche?

2 Wenn du diesen Text als Ergänzung zu T 13 (➤ S. 23 ff.) liest: Welche Aufschlüsse und Anhaltspunkte für die Kultur, der das Hohelied entstammt, kommen ergänzend hinzu?

3 a Was ist körperliche Schönheit im Hohelied? Versuche eine Beschreibung.

b Was ist körperliche Schönheit heute? Lässt sich körperliche Schönheit auch heute durch Vergleiche ausdrücken? Wenn ja, durch welche Vergleiche? Womit wird verglichen?

c Wenn du dir die Frau und den Mann vorstellst: Stellst du Unterschiede zwischen männlicher und weiblicher Schönheit fest?

d Wenn du die Beschreibung dieser schönen Körper im Kopf hast und schon einige andere lyrische Texte in diesem Buch durchgearbeitet hast: In welchem geht es ebenfalls um körperliche Schönheit? Was hat dieser Text mit dem Hohelied gemeinsam, wodurch unterscheiden sie sich?

4 a Das Hohelied verfügt über einen ganz eigenen Stil. Welche Wirkung hat dieser Stil?

b Versuche seine wichtigsten stilistischen Merkmale zu beschreiben.

Teil III
„LIEBESGESCHICHTEN" – ZWEI FALLBEISPIELE

FALL 1: CATULL UND „LESBIA"
Eine Liebesbeziehung, die in die Weltliteratur einging

Über das Leben Catulls selbst ist relativ wenig bekannt (➤ Autoren – Texte – Begriffe, S. 108 f.), die von ihm verehrte „Lesbia" ist historisch nicht mit Sicherheit zu identifizieren. Wie andere Liebesdichter nach ihm verwendete auch Catull in den Gedichten, die er über seine Liebe schrieb, nicht den wirklichen Namen seiner Angebeteten, sondern ein metrisch gleichwertiges Pseudonym. Höchstwahrscheinlich ist mit „Lesbia" eine gewisse **Clodia** gemeint, die Frau und spätere Witwe eines prominenten Politikers, deren Lebenswandel in Rom berüchtigt war. Sie war etwa zehn Jahre älter als Catull.

Die Verwendung des Namens „Lesbia" ist eine Hommage Catulls an seine großen griechischen Vorbilder **Sappho** und **Alkaios**, die im 7. Jh. v. Chr. auf der ägäischen Insel Lesbos lebten und wirkten.

Die Liebesbeziehung der beiden lässt sich nur aus den Gedichten Catulls nachzeichnen, die – nicht in chronologischer Reihenfolge – innerhalb des Gesamtwerks des Dichters verstreut sind. Die in dieser Ausgabe vorgegebene Auswahl versucht eine chronologische Anordnung in drei Stufen: Werben um die Geliebte – Erfüllung – Enttäuschung.

Die Bedeutung Catulls für die Literaturgeschichte liegt in den starken Emotionen, die der junge Dichter (Catull starb mit etwa 30 Jahren) in seinen Liebesgedichten auszudrücken verstand. Er war der erste römische Dichter, der subjektive Liebesgedichte verfasste, also Liebe nicht aus der Distanz, sondern aus eigenem Erleben beschrieb.

Abb. 13: *C. Valerius Catullus*, *italienische Briefmarke (1949)*, *nach einer Büste aus dem 15. Jh.*

Catull,
carmen 51

Versmaß: Sapphische Strophe (➤ K)

Frisch verliebt

Catull, der sich wie rasend in Lesbia verliebt hat, beneidet einen anderen Mann, der in ihrer Nähe sitzen darf. Das Stück ist teilweise Nachdichtung und Variation eines griechischen Gedichtes der berühmten Dichterin Sappho.

1 Ílle mí par[1] ésse deó vidétur,
  ílle, sí fas[2] ést, superáre dívos,
  quí sedéns advérsus[3] idéntidém[4] te[5]
    spéctat et áudit
5 dulce[6] ridentem, misero quod[7] omnis[8]
  eripit sensus mihi: nam simul[9] te,
  Lesbia, aspexi, nihil est super[10] mi
    Lesbia, vocis[11],

> **1 par**, paris: gleich **2 fas est**: es ist erlaubt **3 adversus** + acc.: gegenüber **4 identidem**: immer wieder **5 te**: doppelt übersetzen: zu *adversus* und als Objekt zu *spectat et audit*
> **5 6 dulce**: im Dt. adv. zu *ridentem* **7 quod**: was (zusammenfassender Rel.-Satz) **8 omnis** = *omnes* **9 simul** (= *simulac*): sobald **10 super esse**: übrig sein, zur Verfügung stehen **11 vocis**: gen. part. zu *nihil* (➤ K)

lingua sed torpet[12], tenuis sub artus[13]

10 flamma demanat[14], sonitu[15] suopte[16]

tintinant[17] aures, gemina[18] teguntur

    lumina[19] nocte.

Otium, Catulle, tibi molestum est:

otio exsultas[20] nimiumque gestis[21]:

15 otium et reges prius et beatas

    perdidit urbes.

> **12 torpeo** 2: erstarren, gelähmt sein   **13 artus**, -us (meist pl.): Gelenke, Glieder
>
> **10 14 demano** 1: herabfließen, hinunterrieseln **15 sonitus**, -us: Ton, Klang **16 suopte**: verstärktes *suo* **17 tintino** 1: sausen, rauschen, dröhnen **18 gemini**, -ae, -a = *ambo*; zu *lumina* (Enallage ➤ S. 117; da gramm. eig. zu *nocte*) **19 lumen**, -inis n.: h. Auge **20 exsulto** 1: übermütig sein **21 gestio** 4: heftig begehren, verlangen

 **Kommentar**

Schema des Versmaßes: $-\cup-\cup-\cup\cup-\cup-\cup$ (3 x)

                      $-\cup\cup-\cup$

8 Lesbia, vocis: An dieser Stelle ist in den Handschriften, die das Gedicht überliefern, eine Lücke. Aufgrund der griech. Vorlage (➤ ET 3, S. 31) und des Versmaßes gibt es verschiedene Versuche, die Lücke zu schließen. Weitere Möglichkeiten wären etwa:

… vocis in ore oder *… quod loquar amens.*

 **Vertiefung**

1   Weswegen beneidet Catull die mit *ille* bezeichnete Person? Worin besteht die „Gottgleicheit" des *ille*? (Es gibt in der Catull-Forschung zwei einander widersprechende Interpretationen zu dieser Frage!)

2   Die Psychosomatik beschäftigt sich mit körperlichen Erkrankungen, die auf seelische Einflüsse zurückgehen. Wie lässt sich der Zustand des lyrischen Ichs in dieser Hinsicht beschreiben?

3   Mit der 4. Strophe rüttelt sich Catull gleichsam selbst wieder wach. Durch welche Mittel wird das sprachlich ausgedrückt? Was ist in diesem Zusammenhang bezüglich der Verwendung des Personalpronomens zu bemerken?

4   Worin könnte die Gefahr des *otium* für Catull bestehen?

5   Welche Phase der Liebesbeziehung zwischen Catull und Lesbia wird in diesem Gedicht beschrieben?

6   ➤ ET 3, S. 31: Das erwähnte Vorbild für diesen Text, ein im selben Versmaß geschriebenes Gedicht Sapphos (dessen Schluss nicht erhalten ist), dürfte anlässlich einer Hochzeit entstanden sein: Sappho scharte um sich einen Kreis junger Mädchen, die Leierspiel, Gesang und Tanz pflegten. In diesem Gedicht drückt sie ihre Liebe zu einem Mädchen aus, das offenbar heiratete und daher diesen Kreis enger Freundinnen verließ. Der beneidete Mann wäre dann der Bräutigam. Lies die folgende Prosa-Übersetzung des griechischen Gedichtes und vergleiche es mit den ersten drei Strophen von Catulls Bearbeitung:

    a Welche Details hat Catull direkt (fast unverändert) übernommen, also eigentlich nur übersetzt?

    b Welche Details lässt er weg?

    c Welche Details fügt er hinzu?

Sappho,
Hochzeitslied (übers.)

Hochzeitslied

1 Jener Mann scheint mir den Göttern gleich zu sein,
der dir gegenüber sitzt und dir aus der Nähe zuhört,
wie du lieblich redest und reizend lachst. Wahrlich,
das wühlt mir das Herz auf in der Brust: Denn wenn
5 ich dich nur kurz ansehe, bringe ich keinen Ton
mehr heraus, meine Zunge ist kraftlos, im Nu durch-
rieselt feines Feuer meine Haut, die Augen haben
keine Sehkraft mehr, meine Ohren dröhnen, der
Schweiß rinnt mir herunter, Zittern ergreift meinen
10 ganzen Körper, ich bin fahler als Gras, komme mir
selbst fast wie eine Leiche vor. Aber alles muss man
ertragen, da ja …

*Abb. 14: Sappho und Alkaios, sizilianische Vasenmalerei
(um 470 v. Chr.), München, Staatliche Antikensammlung*

Catull,
carmen 2

Versmaß: Hendekasyllabus

Das Spatzerl

1 Passer[1], deliciae[2] meae puellae,
quicum[3] ludere, quem in sinu[4] tenere,
cui primum[5] digitum dare appetenti
et acris[6] solet incitare morsus[7],
5 cum desiderio[8] meo nitenti[9]
carum nescio quid[10] lubet[11] iocari[12]
et solaciolum[13] sui doloris,
credo, ut tum gravis acquiescat[14]
    ardor[15]:
tecum ludere sicut ipsa possem
10 et tristis[16] animi levare[17] curas!

1 1 passer, -eris m.: Spatz, Sper-
ling (h. voc.!) **2 deliciae**, -arum:
Vergnügen; Liebling **3 quicum** =
quocum (altlat.) **4 sinus**, -us: h.
Schoß **5 primus digitus**: Finger-
spitze **6 acris** = *acres* **7 morsus**,
-us: Biss

5 8 desiderium, -i: Sehnsucht; gemeint ist: die Geliebte; zu *nitenti*
9 nitens, -ntis: strahlend, schön
10 nescio quid: wörtl. „ich weiß
nicht was" = irgendetwas; bez. auf
carum **11 lubet** = *libet*: es macht
Freude **12 iocor** 1: scherzen,
schäkern, flirten **13 solaciolum**,
-i: kleiner Trost **14 acquiesco** 3:
sich beruhigen **15 ardor**, -oris m:
Brand, Glut, Leidenschaft
10 16 tristis = *tristes* **17 levo** 1:
erleichtern

*Abb. 15: Jacques-Hyacinthe Chevalier,
La toilette de Lesbie – Die Toilette der
Lesbia, Skulptur (19. Jh.), Clermont-
Ferrand, Musée d'art Roger-Quilliot*

1 Sammle alle lateinischen Begriffe, die neben ihrer Grundbedeutung auch erotisch verstanden werden können. Was könnte beispielsweise mit *curas* und *dolores* konkret gemeint sein?

2 Ist Liebe überhaupt das Thema des Gedichts? Was spricht dagegen, was dafür?

3 Es geht also um einen kleinen Spatz, der der Geliebten Freude macht:

a Könnte mit diesem *passer* auch jemand oder etwas anderes gemeint sein als ein kleiner Vogel? Was spricht für diese Annahme?

b Wofür ist dieser kleine Spatz da? Was möchte das lyrische Ich damit machen und erreichen?

4 Ist das Gedicht deiner Meinung nach witzig? Oder eher traurig? Begründe deine Meinung.

senex = Greis   basium = Kuss
austimore = schöner
invidere = beneiden

Catull,
carmen 5

Versmaß: Hendekasyllabus

Küsse ohne Ende

Vivamus, mea Lesbia, atque amemus
rumoresque¹ senum severiorum²
omnes unius aestimemus assis³!
Soles occidere et redire possunt:
5 nobis cum semel occidit brevis lux⁴,
nox est perpetua una dormienda⁵.
Da mi basia mille, deinde centum,
dein⁶ mille altera⁷, dein secunda centum,
deinde usque altera mille, deinde centum.
10 Dein, cum milia multa fecerimus,
conturbabimus⁸ illa, ne sciamus,
aut ne quis malus invidere possit,
cum tantum sciat esse basiorum⁹.

1 **1 rumor, -oris m.:** Gerede (im Dt. sg.) **2 severiorum:** „allzu …“ **3 as, assis m.:** der As = röm. Münze von sehr geringem Wert; **unius assis:** gen. pretii
5 **4 lux, lucis f.:** h. Lebenslicht **5 dormio** 4: (h. transitiv:) durchschlafen **6 dein =** *deinde* **7 altera:** weitere, noch einmal
10 **8 conturbo** 1: durcheinander bringen **9 basiorum:** gen. part. zu *tantum*

Abb. 16: Robert Doisneau, Der Kuss vor dem Rathaus,
Fotografie (1950)

11 conturbabimus illa: Hinter dieser Vorstellung steckt auch der Aberglaube, dass böser Zauber nur wirken kann, wenn die genauen Zahlen bekannt sind.

**ertiefung**

1 Die beiden Verben *vivamus* und *amemus* rahmen den ersten Vers. Was will der Dichter damit ausdrücken?

2 Teile das Gedicht in vier Abschnitte und gib jedem eine kurze Überschrift.

3 Was haben der erste und der vierte Teil gemeinsam? Wie ist der Übergang vom zweiten zum dritten Teil zu erklären? Wie hängen der erste und der dritte Teil zusammen?

4 Auch wenn die Zahlen natürlich nicht wörtlich zu nehmen sind: Was will Catull damit ausdrücken?

5 ➤ ET 4: Thomas Campion, My Sweetest Lesbia (S. 34)

a Welche beiden Teile inspirierten den englischen Dichter zu seinem Gedicht, welche lässt er ganz weg?

b Wie viele von den drei Strophen bei Campion bearbeiten das Catull-Gedicht?

c Welche beiden Reimwörter durchziehen das englische Gedicht leitmotivisch? In welchem Verhältnis stehen sie zueinander? Welche lateinischen Begriffe geben sie wieder?

d Welche Überlegung führt Thomas Campion zum Thema Krieg hin (2. Strophe)?

e Wie schafft er eine positive Verbindung zwischen den beiden so gegensätzlichen Themen „Liebe" und „Tod"?

6 Dieses Gedicht ist eines von Catulls berühmtesten Gedichten, das immer wieder übersetzt, nachgedichtet und vertont wurde.

a Suche im Internet nach weiteren Übersetzungen ins Deutsche, Englische oder in andere dir geläufige Sprachen.

b Vergleiche anschließend einen der gefundenen Texte mit dem Original: Kannst du Argumente für die oft gehörte Meinung finden, dass eine Übersetzung nie ganz ans Original heranreicht?

Abb. 17: Catull – angebliches Porträt, *Fresko aus den Ruinen von Sirmio (1. Jh. v. Chr.). Die Papyrusrolle in den Händen des Mannes deutet auf einen Schriftsteller hin.*

E4 text

Der englische Renaissancedichter nahm Catulls *carmen 5* als Ausgangspunkt für dieses Gedicht:

Thomas Campion, My Sweetest Lesbia

1 My sweetest Lesbia, let us live and love,
  And though the sager sort our deeds reprove,
  Let us not weigh them. Heaven's great lamps do dive
  Into their west, and straight again revive,
5 But soon as once set is our little light,
  Then must we sleep one ever-during night.

  If all would lead their lives in love like me,
  Then bloody swords and armour should not be;
  No drum nor trumpet peaceful sleeps should move,
10 Unless alarm came from the camp of love.
  But fools do live, and waste their little light,
  And seek with pain their ever-during night.

  When timely death my life and fortune ends,
  Let not my hearse be vexed with mourning friends,
15 But let all lovers, rich in triumph, come
  And with sweet pastimes grace my happy tomb;
  And Lesbia, close up thou my little light,
  And crown with love my ever-during night.

18 text

Es ist aus!

1 Misér Catúlle, désinás inéptíre[1]
  et, quód[2] vidés perísse, pérditúm dúcas[3]!
  Fulsere[4] quondam candidi tibi soles,
  cum ventitabas[5], quo puella ducebat
5 amata[6] nobis[7], quantum amabitur nulla.
  Ibi illa multa cum iocosa[8] fiebant,
  quae tu volebas nec[9] puella nolebat,
  fulsere[4] vere candidi tibi soles.
  Nunc iam illa non vult: tu quoque,
                    impotens[10], noli
10 nec, quae fugit, sectare[11] nec miser[12] vive,
  sed obstinata[13] mente perfer, obdura[14]!
  Vale, puella, iam Catullus obdurat
  nec te requiret[15] nec rogabit invitam.
  At tu dolebis, cum rogaberis nulla[16].

1 **1 ineptio** 4: ein Narr sein **2 quod**: AcI im Rel.-Satz; als Obj. ist ein *id* zu ergänzen **3 duco** 3 (+ doppelter acc.): halten für **4 fulgeo** 2: leuchten; **fulsere** = *fulse-runt* **5 ventito** 1: häufig gehen

5 **6 amata**: sc. *tantum* **7 nobis** = *a nobis* (dat. auct.) = *a me* (poet. pl.) **8 iocosa, -orum**: Liebesspiele **9 nec … nolebat**: doppelte Verneinung als positive Verstärkung **10 impotens, -ntis**: ohnmächtig, willensschwach

10 **11 sector** 1 (+ acc.): nachlaufen; sc. *eam* **12 miser**: prädikativ, im Dt. adv. **13 obstinatus** 3: hartnäckig **14 obduro** 1: aushalten, hart sein **15 requiro** 3: aufsuchen **16 nulla**: überhaupt nicht (verstärktes *non*)

¹⁵ Scelesta[17], vae[18] te! Quae tibi manet vita?
Quis nunc te adibit? Cui videberis bella?
Quem nunc amabis? Cuius esse diceris[19]?
Quem basiabis? Cui labella[20] mordebis[21]?
At tu, Catulle, destinatus[22] obdura[14]!

15 **17 scelesta**: voc. **18 vae te**: wehe dir **19 cuius esse diceris**: „wessen (Geliebte) wirst du genannt werden" **20 labellum, -i**: Lippe **21 mordeo** 2: beißen **22 destinatus** 3: entschlossen, gefasst

ommentar

Schema des Versmaßes: ⏑‒⏑‒⏑‒⏑‒⏑‒ ‒⏑

ertiefung

1 Gliederung:

   a Welche fünf Abschnitte (von sehr unterschiedlicher Länge!) lassen sich finden?

   b Ordne jedem dieser Abschnitte eine Zeitstufe zu (Gegenwart / Vergangenheit / Zukunft). Lässt sich eine Symmetrie erkennen?

   c Was steht in der Mitte des Gedichts?

2 Gefühle:

   a Welche Gefühle sind erkennbar?

   b Welche verschiedenen Perspektiven gibt es in diesem Gedicht? Beachte die Personen (im grammatikalischen Sinn)! Was wird durch den mehrfachen Wechsel ausgedrückt?

   c Welcher Übergang ist eigentlich völlig unlogisch? Worin besteht der Zweck dieser Unlogik?

3 Welches Wort ragt durch seine Stellung und Wiederholung heraus? Was soll damit ausgedrückt werden?

ext

Hoffnungsschimmer?

Lesbia mi dicit[1] semper male nec tacet umquam
   de me: Lesbia me dispeream[2] nisi amat.
Quo signo[3]? Quia sunt totidem mea[4]: deprecor[5] illam
   assidue[6], verum dispeream, nisi amo.

weil

1 dicere male (+ dat.): schlecht reden über **2 dispeream**: ich will tot umfallen; Reihung: *dispeream, nisi Lesbia me amat* **3 quo signo**: sc. *hoc cognosco* **4 mea**: sc. *signa* **5 deprecor** 1: verfluchen **6 assidue**: ununterbrochen, dauernd

ommentar

3 quo signo?: Indem Catull sich diese Frage stellt, nimmt er den möglichen Einwand eines fiktiven Gesprächspartners vorweg, um ihn gleich darauf selbst zu beantworten.

 **V**ertiefung

1 Worin besteht der Hoffnungsschimmer, den Catull zu erkennen meint?

2 Durch welches sprachliche Mittel versucht er, diese Hoffnung realistischer aussehen zu lassen?

3 Was denkst du über diese Interpretation von Lesbias Verhalten durch Catull?

**t**ext

Catull,
carmen 58

Versmaß: Hendekasyllabus

Schwere Vorwürfe

1 Caeli, Lesbia nostra[1], Lesbia illa,
illa Lesbia, quam Catullus unam
plus quam se atque suos amavit omnes,
nunc in quadriviis[2] et angiportis[3]
5 glubit[4] magnanimi[5] Remi nepotes[6].

> **1** **1** nostra = *mea* **2** quadrivium, -i: Kreuzung **3** angi-
> **portum**, -i: enge Gasse
> **5** **4** glubo 3: „abschälen" (➤ K) **5** magnanimus 3:
> hochherzig, edel **6** nepos, -potis m.: Enkel, Nachkomme

**k**ommentar

Catull,
carmen 58

1 Caeli: Marcus Caelius Rufus, ein Freund Catulls, war nach Catull ebenfalls eine Zeit lang mit Lesbia befreundet.

5 glubit: Die Metapher ist einzigartig und daher nicht eindeutig interpretierbar. Manche meinen, das „Abschälen" bedeute, dass Lesbia die römischen Männer finanziell „ausnehme", also sich prostituiere. Am wahrscheinlichsten aber ist wohl die Deutung, dass das Verb ein sehr derber Ausdruck für oralen Geschlechtsverkehr ist.

Remi nepotes: Die Römer werden sonst häufig *Romuli nepotes* genannt; *Remi* steht hier wohl nur aus metrischen Gründen.

**V**ertiefung

1 Durch welche sprachlichen Mittel drückt Catull aus, dass er es einfach nicht glauben kann?

2 Was steht genau in der Mitte des Gedichts? Inwiefern gibt Catull dem Gedicht dadurch mehr Bedeutung als nur den Ausdruck seines Abscheus?

3 Welche beiden direkt nebeneinander stehenden Wörter bilden einen scharfen Kontrast? Was wird dadurch ausgedrückt?

4 Die in dem Gedicht erhobenen Vorwürfe sind schwerwiegend und rufschädigend.

    a Worauf stützen sie sich bzw. worauf könnten sie sich stützen?

    b Ob sie zurecht bestehen oder nicht, wird man nie herausfinden können. Ein bis heute gültiger Rechtsgrundsatz lautet *„Audiatur et altera pars"*. Entwirf (auf deutsch) eine kurze (Gerichts-)Rede, mit der Lesbia von ihrem Anwalt in einem fiktiven Prozess verteidigt wird.

 **21**text

Im Chaos der Gefühle

1 Dicebas quondam solum te nosse[1] Catullum,
   Lesbia, nec prae[2] me velle tenere Iovem.
   Dilexi tum te non tantum[3] ut vulgus amicam,
   sed pater ut gnatos[4] diligit et generos[5].
5 Nunc te cognovi: quare[6] etsi impensius[7] uror,
   multo mi tamen es vilior[8] et levior[9].
   Qui[10] potis[11] est, inquis? Quod amantem
                                        iniuria talis
   cogit amare magis, sed bene velle[12] minus.

1 **1 nosse** = *novisse* **2 prae** + acc.: vor; h. lieber als **3 tantum**: nur **4 gnatus, -i** (= *natus, -i*): Sohn **5 gener, -i**: Schwiegersohn
5 **6 quare**: rel. Anschluss: daher **7 impensus** 3: heftig **8 vilis, -e**: wertlos, gering **9 levis, -e**: h. unbedeutend, geringfügig **10 qui**: wie **11 potis est**: es ist möglich **12 bene velle**: gern haben, schätzen, respektieren

 **21**ertiefung

1   Das Gedicht ist deutlich in zwei Hälften geteilt. Welche beiden Wörter gliedern es in diesem Sinne?

2   Catull hat verstanden, dass seine Liebe zu Lesbia zwei Aspekte hat. Welche Verben verwendet er für den einen Aspekt, welche für den anderen? Und welches Verb verdeutlicht, dass er die Trennung dieser beiden Aspekte als nicht richtig empfindet?

3   Was könnte mit *iniuria talis* (➤ V. 7) gemeint sein?

 **22**text

Verfahrene Situation

Huc est mens[1] deducta tua, mea Lesbia, culpa[2]
   atque ita se officio[3] perdidit ipsa suo,
ut iam nec bene velle queat[4] tibi, si optima fias,
   nec desistere amare, omnia si[5] facias.

1 mens: sc. *mea* **2 tua ... culpa**: abl. **3 officium, -i**: h. Ergebenheit **4 queo, quire** (Konjugation wie *ire*): können **5 si** = *etsi*

 **22**ertiefung

1   Welche Begriffe aus c. 72 (➤ T 21) werden hier wörtlich wieder aufgenommen?

2   Inwiefern ist eine (inhaltliche) Steigerung zum vorigen Gedicht erkennbar?

3   Was könnte mit *omnia* (➤ V. 4) gemeint sein?

23 **t**ext

Hassliebe

Epigramm
↳ vielleicht

> Odi et amo. Quare id faciam, fortasse requiris[1].
> Nescio, sed fieri sentio et excrucior[2].

1 requiro 3: forschen nach, fragen **2 excrucio** 1: martern, quälen

23 **k**ommentar

1 odi et amo: Dieses Epigramm ist das bekannteste Gedicht Catulls und zählt darüber hinaus zu den berühmtesten Texten der Weltliteratur. Immer wieder wurde versucht, das ebenso schlichte wie mitreißende Gedicht zu übersetzen oder vielmehr nachzudichten (➤ ET 5, S. 39). Wie stets bei Übersetzungen bleibt die Genialität des Originals aber unerreicht.

23 **V**ertiefung

1 Untersuche das Gedicht im Hinblick auf Wortarten.

  a Was fällt auf?

  b Was wird damit ausgedrückt?

2 Was wird in diesem Gedicht – anders als in fast allen anderen Lesbia-Gedichten – überhaupt nicht erwähnt?

3 *Odi et amo – faciam – nescio:*

Abb. 18: Lawrence Alma-Tadema, **Catullus reading his poems at Lesbia's house**, *Fantasieszene (1878), Privatbesitz*

  a Suche für jeden dieser Ausdrücke das entsprechende Gegenstück im Gedicht.

  b Was haben die beiden Teile dieser drei Paare jeweils formal gemeinsam?

  c In welchem inhaltlichen Verhältnis stehen sie jeweils zueinander?

4 ➤ ET 5, S. 39: Im Folgenden eine kleine Auswahl aus der unübersehbaren Zahl von Übersetzungen und Nachdichtungen. Analysiere sie unter folgenden Gesichtspunkten:

  a Mit welchen Aspekten der lateinischen Sprache hatten die Bearbeiter Probleme bei der Übersetzung?

  b Welche Mittel wurden verwendet, um diese Probleme zu lösen?

  c Welche Teile des Gedichtes wurden erfolgreich übersetzt, welche wurden weggelassen / mussten wegbleiben, um dem Metrum gerecht zu werden?

  d Welche Übersetzung / Nachdichtung findest du besonders gelungen? Warum?

  e Welche findest du eher misslungen? Warum?

E5 **t**ext

Odi et amo

1 Hassen und lieben zugleich muss ich. – Wie das? Wenn ich's wüsste!
  Aber ich fühl's, und das Herz möchte zerreißen in mir. *Eduard Mörike, 1840*

2 Liebe verfolgt mich und Hass. „Und warum?", fragt einer. Ich weiß nicht,
  aber ich fühl' es einmal, fühl' es und leide darum. *Theodor Heyse, 1889*

3 Liebe durchglüht mich und Hass. Warum denn? magst du mich fragen.
  Sagen, ach, kann ich es nicht – fühlen nur kann man die Qual. *Mauriz Schuster, 1906*

4 Ach, ich hasse und liebe. Du fragst, warum ich das tue.
  Weiß nicht. Ich fühle nur: Es geschieht und tut weh. *Max Brod, 1914*

5 Hassen und lieben zugleich. Du fragst wohl, warum ich's so treibe.
  Weiß nicht. Dass es mich treibt, fühl' ich und sterbe daran. *Eduard Norden, 1923*

6 Hassen und lieben. Warum, so fragst du vielleicht. Doch ich weiß nicht.
  Aber es ist so: ich fühl's, und es zerreißt mir das Herz. *Carl Fischer, 1948*

7 O, ich hasse und liebe! Weshalb ich es tue, du fragst's wohl.
  Weiß nicht! Doch dass es geschieht, fühl' ich – unendlich gequält. *Otto Weinreich, 1960*

8 Hassen tu' ich und lieben. Warum ich's tue, so fragst du.
  Weiß nicht. Doch dass ich es tu', fühl' ich und mart're mich ab. *Rudolf Helm, 1963*

9 Hassen und lieben muss ich. Warum ich das muss, wirst du fragen.
  Weiß ich's? Ich fühle, so ist's, trag' es, gekreuzigt zu sein. *Carl Fischer, 1987*

10 Hassen tua i und gleichzeitig liabn. Warum i des mach, fragst mi vielleicht.
   I woaß ja aa net, aber i merk's, dass's passiert, und es zerreißt ma mei Herz. *Erich Gruber, 1988*

11 I hate her – yet I love her, too.
   You ask how this can be.
   I only know that it is true
   and bitter agony. *Janet Maclean Todd, 1955*

Weitere Übersetzungen findet man z. B. unter:
http://www.vox-latina-gottingensis.de/origueb/catullue/catue085.htm

24 **t**ext

Rückblick   ACI

Nulla potest mulier tantum se dicere amatam[1]
vere quantum a me Lesbia amata mea est.
Nulla fides ullo fuit umquam in foedere tanta,
  quanta in amore tuo[2] ex parte reperta mea est.

> **1 amatam**: sc. *esse* **2 amore tuo** = *amore* (sc. *meo) tui*: meine Liebe zu dir (gen. obi.)

1 Mit welchem (auf den ersten Blick sichtbaren) Stilmittel unterstreicht Catull seine Aussage?

2 Dieses kurze Gedicht hinterlässt irgendwie einen unvollständigen Eindruck.

    a Was fehlt? Worauf wartet man?

    b Welchen Schluss ziehen Leser und Leserin aus dieser Unvollständigkeit?

3   **a** Untersuche mit Hilfe des Wörterbuchs das Bedeutungsspektrum des Wortes *foedus* (➤ V. 3).

    b Welche Bedeutung hat der Begriff offensichtlich für Catull?

    c Durch welchen weiteren Begriff und mit welchem Stilmittel unterstreicht er die Wichtigkeit, die er diesem Wort zumisst?

    d Nach allem, was du über die Beziehung zwischen Catull und Lesbia weißt (siehe dazu auch die Einleitung zu „Catull und ‚Lesbia'" ➤ S. 29): Ist diese Bedeutung des Wortes *foedus*, wie Catull sie offenbar versteht, sachlich gerechtfertigt?

    e Was könnte Lesbia Catull auf diesen Vorwurf antworten? Nimm bei deiner Argumentation aus ihrer Sicht nochmals auf das Wort *foedus* Bezug.

ext

Catull,
carmen 11

Versmaß : Sapphische Strophe (Schema ➤ K15, S. 30)

„Und tschüss!"

1 Furi et Aureli, comites Catulli,
    sive in extremos[1] penetrabit[2] Indos[3],
    litus ut[4] longe resonante Eoa[5]
        tunditur[6] unda,

2 5 sive in Hyrcanos Arabesve molles[7],
    seu Sagas sagittiferosve[8] Parthos,
    sive quae septemgeminus[9] colorat
        aequora[10] Nilus,

3 sive trans altas gradietur[11] Alpes,
  10 Caesaris visens monumenta magni,
    Gallicum Rhenum, horribile aequor ulti-
        mosque Britannos,

4 omnia haec, quaecumque feret[12] voluntas
    caelitum[13], temptare simul parati[14],
  15 pauca nuntiate meae puellae
        non bona dicta[15]:

1 **1 extremus** 3: entfernt, entlegen **2 penetro** 1: vordringen, gelangen; Subj. ist Catull; *Catullus penetrabit* ist sinngemäß auch bei der Fortführung des Satzes *(sive … seu … sive)* zu ergänzen **3 Indi**, -orum (Bewohner anstelle des Landes) = *India, -ae:* Indien **4 ut** = *ubi* (lokal) **5 Eous** 3: östlich **6 tundo** 3: schlagen, peitschen

2 **7 mollis**, -e: h. verweichlicht (➤ K) **8 sagittifer** 3: pfeiltragend (➤ K) **9 septemgeminus** 3: siebenarmig (➤ K) **10 aequor**, -is n.: Meer; Reihung: *sive (ad) aequora, quae*

3 **11 gradior** 3M: schreiten, gehen

4 **12 fero**, ferre: h. mit sich bringen **13 caeles**, -itis: himmlisch; subst.: Gott **14 parati**: zu *Furi* et *Aureli* (voc.) **15 dicta**, -orum = *verba*

5   Cum suis vivat valeatque moechis[16],
      quos simul complexa[17] tenet trecentos,
      nullum amans vere, sed identidem[18] omnium
  20   ilia[19] rumpens[20];

6   nec meum respectet[21], ut ante, amorem,
      qui illius culpa cecidit velut prati[22]
      ultimi flos, praetereunte postquam
        tactus aratro[23] est.

> **5** **16 moechus**, -i: Ehebrecher **17 complector** 3, -plexus sum: umarmen **18 identidem**: immer wieder **19 ilia**, -ium n.: Geschlechtsteile, „Lendenkraft" **20 rumpo** 3: h. zerrütten, ermüden
>
> **6** **21 respecto** 1: sich umblicken nach, erwarten **22 pratum ultimum**: Wiesenrand **23 aratrum**, -i: Pflug

Kommentar

Catull, carmen 11

1 Furi et Aureli: Furius und Aurelius, Bekannte Catulls, sicher nicht seine engsten Freunde; möglicherweise auch Freunde Lesbias, die von ihr geschickt wurden, um herauszufinden, ob er sie noch liebe.

Eoa: Eos, die griech. Göttin der Morgenröte, steht hier symbolisch für den Osten.

2 Arabes molles: Aus Arabien wurden Luxusgüter wie Salben und Parfums importiert.

Sagas: Die Saken waren ein jenseits des Perserreiches lebendes Nomadenvolk. Die Nennung eines solchen kaum bekannten Volkes ist typisch für den *poeta doctus* Catull.

sagittiferos Parthos: Die im Vorderen Orient lebenden Parther, gegen die die Römer wiederholt Kriege führten, waren als besonders gute Bogenschützen bekannt.

septemgeminus Nilus: Anspielung auf das weit verzweigte Delta des Nils

3 Caesaris monumenta: Gemeint ist das unterworfene Gallien. Diese Anspielung sowie die folgende Erwähnung Galliens sind ein Anhaltspunkt dafür, dass das vorliegende Gedicht eines der letzten Catulls ist.

5 omnium ilia: Über die Wortgrenze hinweg mit Synaloephe (➤ Verslehre, S. 114) zu lesen, die Silbe -*um* ist dabei kaum zu hören. Ebenso dann *prati ultimi* in V. 22 f.

Vertiefung

1   Was den Stil betrifft, ist das Gedicht in drei (unterschiedlich lange) Teile zu gliedern.

    a Bis wohin geht der erste Teil, der im hohen epischen Stil gehalten ist?

    b Plötzlich ändert sich der Stil. Der mittlere Teil ist eine Beschimpfung, Spottverse, wie Catull sie immer wieder geschrieben hat. Welche Verse umfasst dieser Teil?

    c Welcher Literaturgattung ist der dritte Teil zuzuordnen?

    d Welcher dieser drei Teile gibt Catulls Gefühle wieder?

2   Die doch sehr seltsame umständliche Einleitung, bevor die „message" des Gedichtes kommt, wurde verschieden interpretiert. Kannst du dir vorstellen, was Catull damit bezweckt?

3   Welche Verben drücken aus, was Lesbia, aus Catulls Sicht, „angerichtet" hat bzw. noch immer „anrichtet"?

4 Zwei Wörter in der letzten Strophe bilden eine starke Antithese zum Begriff *suis moechis* (➤ 5. Strophe).

    a Welche beiden Wörter sind gemeint?

    b Was will Catull damit sagen?

    c Inwiefern wird diese Antithese durch die Stellung der Wörter noch unterstrichen?

5 Der durch Alliteration verstärkte Wunsch *vivat valeatque* (➤ V. 17) erinnert an zwei andere Gedichte Catulls:

    a Vergleiche c. 5 (➤ T 17, S. 32) und c. 8 (➤ T 18, S. 34).

    b Welche Phase der Beziehung wird in c. 5 geschildert?

    c Woraus geht hervor, dass c. 11 sicher später entstanden ist als c. 8?

FALL 2: HELOISA UND ABAELARD

„Historia Calamitatum"

Die Liebesgeschichte von Heloisa und Abaelard gehört zu den berühmtesten und spektakulärsten des Mittelalters und trug sich vor knapp 900 Jahren zu. Sie hat erstens die Phantasie von Kunst, Wissenschaft und Tratsch bis ins 21. Jh. angeregt und ist zweitens bis heute skandalträchtig, da die beiden Hauptfiguren sich nicht nur als Mann und Frau gegenüberstehen, sondern auch als Lehrer und Schülerin.

Das heutige Wissen über Beginn, Verlauf und Ende der Geschichte stammt aus Abaelards Autobiografie, der *„Historia Calamitatum"* (der „Geschichte der Niederlagen"). Ihr entstammen die folgenden sechs Texte.

Zu dem Zeitpunkt, als die Liebesgeschichte der beiden begann, war Abaelard ein echter „Star"-Professor in Paris; wer Heloisa war, beschreibt er selbst:

ext

Petri Abaelardi
Historia Calamitatum

Der Anfang

1   Erat quippe[1] in ipsa civitate[2] Parisius adolescentula[3] quaedam nomine Heloysa, neptis[4] canonici[5] cuiusdam, qui Fulbertus vocabatur, qui eam quanto amplius[6] dili-
5 gebat tanto diligentius[6] in omnem, qua poterat[7], scientiam litterarum promoveri[8] studuerat[9].

2   Quae, cum[10] per faciem[11] non esset infima[12], per habundantiam litterarum[13] erat
10 suprema. Nam quo[14] bonum[15] hoc – litteratoriae[16] scilicet scientiae[16] – in mulieribus est rarius, eo[14] amplius puellam com-

---

1 1 quippe: denn, nämlich **2 civitas,** -atis f.: h. Stadt **3 adolescentula,** -ae: junges Mädchen (➤ K) **4 neptis,** -is: Nichte **5 canonicus,** -i: Kanoniker (➤ K) **6 quanto amplius … tanto diligentius:** je mehr … desto gründlicher **7 in omnem, qua poterat, scientiam litterarum:** „in jeder möglichen Wissenschaft" **8 promoveo** 2: voranbringen **9 studeo** 2: eifrig bedacht sein

2 10 cum (+ coni.): h. während **11 facies,** -ei: h. Aussehen **12 infimus** 3: der/die/das Geringste, Unterste, Letzte **13 habundantia litterarum:** Übermaß / Fülle an Bildung **14 quo … eo:** je … desto **15 bonum,** -i: das Gut, gute Eigenschaft **16 scientia litteraria:** Bildung und Wissen, literarische Bildung

mendabat[17] et in toto regno nominatis-
simam[18] fecerat. Hanc igitur, omnibus
15 circumspectis[19], quae amantes allicere[20]
solent, commodiorem[21] censui in amorem
mihi copulare[22], et me id facillime credidi
posse[23]. Tanti quippe tunc nominis eram[24]
et iuventutis et formae gratia[25] praemine-
20 bam[26], ut, quamcumque feminarum nostro dignarer[27] amore, nullam vererer[28] re-
pulsam[29]. Tanto[31] autem facilius hanc mihi puellam consensuram[30] credidi, quanto[31] amplius eam litterarum scientiam et
25 habere et diligere noveram[32].

3 In huius itaque adolescentulae amorem
totus inflammatus[33] occasionem[34] quaesivi, qua eam mihi domestica[35] et cotidia-
na[36] conversatione[37] familiarem effice-
30 rem[38] et facilius ad consensum traherem.
Quod quidem ut fieret, egi[39] cum prae-
dicto[40] puellae avunculo, quibusdam ipsius amicis intervenientibus[41], quatinus[42]
me in domum suam, quae scolis[43] nostris
35 proxima erat, sub quocumque procurationis precio[44] susciperet, hanc videlicet
occasionem praetendens[45], quod studium
nostrum domestica nostrae familiae cura[46]
plurimum praepediret[47] et impensa ni-
40 mia[48] nimium me gravaret[49].

4 Erat autem cupidus[50] ille valde atque erga[51]
neptim[4] suam, ut amplius semper in doct-
rinam proficeret[52] litteratoriam, plurimum studiosus[53]. Quibus quidem duobus
45 facile eius assensum[54] assecutus sum[55] et,
quod optabam, obtinui[56], cum ille videlicet et ad pecuniam totus inhiaret[57] et neptim[4] suam ex doctrina nostra aliquid percepturam[58] crederet. Super quo[59] vehe-
50 menter me deprecatus[60] […] eam videlicet
totam nostro magisterio[61] committens[62],
ut, quotiens[63] mihi a scolis[43] reverso vaca-
ret[64], tam in die quam in nocte ei docen-
dae operam darem[65] et eam, si neglegen-
55 tem sentirem[66], vehementer constringe-
rem[67].

---

17 commendo 1: empfehlen; für jemanden sprechen
18 nominatissimus 3: sehr berühmt **19 circumspicio** 3M,
-spexi, -spectum: bedenken, erwägen, in Betracht ziehen
20 allicio 3M: anlocken **21 commodior**, -ius: ziemlich
geeignet, ziemlich angemessen, „gut genug" **22 copulo** 1:
verbinden **23 et me id facillime credidi posse**: Reihung: *et credidi me id facillime posse* **24 tanti … nominis eram**: „ich hatte einen so guten Namen", „ich war so
berühmt" **25 gratia** (+ gen.) = *causa* (+ gen.) **26 prae-
mineo** 2: herausragen **27 dignor** 1 (+ abl.): für würdig
erachten **28 vereor** 2: fürchten **29 repulsa**, -ae: Zurück-
weisung, Ablehnung **30 consentio** 4, -sensi, -sensum:
zustimmen; zu Willen sein (h. *consensuram esse*)
31 tanto … quanto: je … desto **32 nosco** 3, novi: in Er-
fahrung bringen, perf.: wissen

3 33 inflammatus 3: entbrannt **34 occasio**, -onis f.:
Gelegenheit **35 domesticus** 3: häuslich **36 cotidianus** 3:
täglich **37 conversatio**, -onis, f.: Unterhaltung, Umgang
38 eam mihi familiarem efficio: ich mache sie mir vertraut **39 ago** 3, egi: h. verhandeln, vereinbaren **40 prae-
dictus** 3: der erwähnte **41 intervenio** 4: vermitteln
42 quatinus (+ coni.): dass **43 scolae**, -arum: Schule
(➤ K) **44 procurationis precium** (= *pretium*): Miete,
Kostgeld **45 occasionem praetendo** 3: zum Vorwand
nehmen; part. praes. bezogen auf *egi*, also auf „ich"
46 domestica nostrae familiae cura: die häusliche Für-
sorge für mein Gesinde (➤ K) **47 praepedio** 4: hem-
men, aufhalten **48 impensa nimia**: allzu großer Aufwand **49 gravo** 1: belasten

4 50 cupidus 3: h. geldgierig **51 erga** + acc.: gegenüber **52 proficio** 3M: h. Fortschritte machen **53 studiosus** 3: h. bemüht **54 assensus**, -us: Zustimmung
55 assequor 3, assecutus sum: erreichen **56 obtineo** 2:
erhalten, bekommen **57 inhio** 1: gierig den Mund nach
etwas aufsperren **58 percipio** 3M: aufnehmen, empfangen; **percepturam**: sc. *esse* **59 super quo**: deswegen
60 deprecor 1: bitten; **deprecatus**: sc. *est* **61 magiste-
rium**, -i: Erziehung, Unterricht **62 committo** 3: überlas-
sen, anvertrauen **63 quotiens**: sooft **64 vaco** 1: Zeit haben – h. unpersönlich konstruiert: **mihi vacat** = „ich habe Zeit" **65 operam dare** (+ dat.): sich um etwas bemühen **66 sentio** 4: h. den Eindruck haben, meinen
67 constringo 3: zwingen

1 adolescentula: Dass Abaelard Heloisa als *adolescentula* und noch öfter als *puella* bezeichnet, erklärt sich dadurch, dass Heloisa zum Zeitpunkt dieser Liebesgeschichte knapp 20 Jahre alt war, und weist auf den großen Altersunterschied zwischen den beiden hin. Abaelard war ein arrivierter Professor und wohl doppelt so alt wie Heloisa. Sie überlebte ihn um über 22 Jahre.

canonici: „Kanoniker"; Fulbert, der Onkel und Vormund Heloisas, war Kanoniker. Das war im 12. Jh. ein Kleriker, der zu einer Domkirche gehörte. Heloisa lebte bei ihm, da ihre Eltern gestorben waren.

3 scolis nostris: Die „Schule", von der Abaelard hier spricht, war eine philosophisch-theologische Hochschule, eine Vorläuferin der heutigen Universität; dort erhielten junge Männer, die für den Dienst in der Kirche bestimmt waren, eine gute Allgemeinbildung und eine theologische Spezialisierung. Die Professoren unterrichteten und betrieben eigene Forschungen. In der Regel waren sie keine geweihten Priester, sondern Kleriker, die keine Gelübde abgelegt hatten. Abaelard war Professor für Philosophie und hatte einen hervorragenden Ruf als Lehrer und Wissenschaftler.

domestica cura: Abaelard quartiert sich gegen Miete und Kostgold bei dem Kanoniker Fulbert ein, um sich den Aufwand, ein eigenes Haus zu erhalten, zu führen und zu verwalten, zu ersparen. Das war zu seiner Zeit für Professoren, die alleinstehend waren und zu keinem Kloster gehörten, durchaus üblich.

26 Vertiefung

1 Warum interessiert sich dieser Mann für Heloisa? Was zieht ihn besonders an?

2 Wie schätzt er seine Erfolgschancen bei ihr ein? Welches sind die Gründe, die ihn seiner Meinung nach für Heloisa interessant machen?

3 Insgesamt geht es in diesem Text um drei Personen.

   a Um welche?

   b Gib eine kurze Zusammenfassung aller Informationen über diese drei.

   c Wer wird deiner Meinung nach am eindrucksvollsten geschildert? Wen kannst du dir nach dieser Schilderung am besten vorstellen?

4 „Literarische Bildung" hat für alle drei Beteiligten einen großen Wert. Was sind mögliche Gründe dafür?

5 Schließlich noch die Liebe: Wer liebt hier wen? Wie stellt sich der Erzähler das Funktionieren einer Liebesbeziehung vor? Wie beurteilst du seine Auffassungen?

Abb. 19: Abaelard und Heloisa, Miniatur in „Le Roman de la rose" (altfranzösischer Versroman, vollendet um 1287)

Das heimliche Glück

1 Quid plura[1]? Primum domo[2] una coniun-
gimur[3], postmodum[4] animo[5]. Sub occasio-
ne[6] itaque disciplinae[7] amori penitus[8] va-
cabamus[9], et secretos recessus[10], quos
5 amor optabat, studium lectionis[11] offere-
bat. Apertis itaque libris plura de amore
quam de lectione verba se ingerebant[12],
plura erant oscula[13] quam sententiae[14];
saepius[15] ad sinus[16] quam ad libros reduce-
10 bantur[17] manus, crebrius[18] oculos amor in
se reflectebat[19] quam lectio in scripturam
dirigebat. Quoque[20] minus suspicionis ha-
beremus[21], verbera[22] quandoque[23] dabat
amor, non furor, gratia[24], non ira[25], quae[26]
15 omnium unguentorum[27] suavitatem[28]
transcenderent[29]. Quid denique? Nullus a
cupidis intermissus[30] est gradus[31] amoris,
et si quid insolitum[32] amor excogitare po-
tuit, est additum[33]; et quo minus ista fue-
20 ramus experti[34] gaudia, eo ardentius illis
insistebamus[35], et minus in fastidium[36]
vertebantur[37].

2 Et quo me amplius haec voluptas[38] occu-
paverat[39], minus philosophiae vacare[9] po-
25 teram et scolis operam dare[40]. Taediosum[41]
mihi vehementer erat ad scolas procedere
vel in eis morari; pariter et[42] laboriosum[43],
cum nocturnas[44] amori vigilias[44] et diur-
nas[45] studio conservarem[46]. Quem[47] etiam
30 ita negligentem[48] et tepidum[49] lectio[50] tunc
habebat, ut iam nihil ex ingenio[51], sed ex
usu[52] cuncta proferrem, nec iam nisi[53] reci-
tator pristinorum[54] essem inventorum[54], et
si qua invenire liceret, carmina essent
35 amatoria, non philosophiae secreta[55]; quorum etiam carminum pleraque adhuc in
multis, sicut et ipse nosti, frequentantur[56]
et decantantur[57] regionibus, ab his maxime, quos vita similis oblectat[58].

1 **1 plura** sc. *dicam* **2 domus**, -us f.: h. Hausgemein-
schaft **3 coniungo** 3: verbinden **4 postmodum** = *postea*
5 animus, -i: Geist, Gesinnung **6 occasio**, -onis f.: h. Vorwand **7 disciplina**, -ae: Unterricht, Lehre **8 penitus** (adv.):
ganz und gar **9 vaco** 1 (+ dat.): Zeit haben für etw.; sich mit
etw. beschäftigen **10 recessus**, -us: Rückzugsmöglich-
keit **11 studium lectionis**: gemeinsame Lektüre (wörtl.
Bedeutung?) **12 se ingerere**: sich aufdrängen **13 osculum**, -i: Kuss **14 sententiae**, -ae: Sätze, Lehrsätze
15 saepius (adv.; Komparativ von *saepe*): öfter **16 sinus**, -us: Busen **17 reduco** 3: hinführen **18 crebrius**
(adv.): häufiger **19 oculos amor in se reflectebat**: „die
Liebe wandte die Augen einander zu" (➤ K) **20 quoque**
(+ coni.): und damit **21 minus suspicionis habere**: weniger
Verdacht erregen **22 verbera**, -rum n. pl.: Schläge **23 quandoque** (adv.): gelegentlich **24 gratia**, -ae: Zuneigung,
Gunst, Huld **25 ira**, -ae: Zorn **26 quae**: bez. auf *verbera* **27 unguentum**, -i: Salbe **28 suavitas**, -atis f.: Süße,
Sanftheit **29 transcendo** 3: übersteigen **30 intermitto** 3,
-misi, -missum: auslassen, überspringen **31 gradus**, -us:
Stufe, Steigerungsgrad, „Grad" (➤ K) **32 insolitus** 3:
ungewohnt **33 addo** 3, -didi, -ditum: hinzufügen **34 ex-
perior** 4, expertus sum: erproben, ausprobieren **35 insis-
to** 3 (+ dat.): h. eifrig betreiben, auf etw. beharren **36 fastidium**, -i: Langeweile, Ekel **37 vertor** 3: h. sich verwandeln

2 **38 voluptas**, -atis f.: Lust **39 occupo** 1: in Beschlag
nehmen **40 operam dare** (+ dat.): sich um etw. bemühen **41 taediosus** 3: lästig **42 pariter et**: genauso auch
43 laboriosus 3: anstrengend, mühselig **44 vigilia
nocturna**: Nachtwache **45 (vigilia) diurna**: Tagwache
46 conservo 1 (+ dat.): für etw. reservieren **47 quem** =
me **48 negligens**, -entis: nachlässig **49 tepidus** 3: lau
50 lectio, -onis f.: Vorlesung **51 ingenium**, -i: h. Krea-
tivität **52 usus**, -us: h. Routine **53 nisi**: h. außer
54 pristina inventa n. pl.: alte „Erfindungen", alte Arbei-
ten **55 secreta**, -orum: Geheimlehren, Spitzfindigkeiten
56 frequento 1: häufig anwenden; feiern **57 decanto** 1:
singen **58 oblecto** 1: erfreuen

1 oculos amor in se reflectebat: „die Liebe wandte die Augen einander zu". Dass Liebe sich in den Augen spiegelt, dass sie die Liebenden zwingt, einander in die Augen zu schauen, ist Ausdruck der mittelalterlichen Auffassung, dass das Auge das wichtigste und edelste Sinnesorgan des Menschen sei und dass das Sehen jener Sinn sei, durch den Erkenntnis und vor allem Gotteserkenntnis erst möglich werde. In der Substanz ist diese Auffassung sehr alt – steckt doch im lateinischen *videre* und im deutschen „wissen" dieselbe indogermanische Wurzel.

verbera: „Schläge": Um keinen Verdacht zu erregen, hielten es Abaelard und Heloisa für angebracht, Schläge vorzutäuschen. Offensichtlich gehörten Schläge im 12. Jh. zu jenen pädagogischen Mitteln, ohne die man nicht unterrichten konnte – ohne sich dem Verdacht auszusetzen, dass es sich um keinen „ordentlichen" Unterricht handelt.

gradus amoris: Seit der Spätantike gibt es die Auffassung, dass sich Liebesbeziehungen in verschiedenen, sich steigernden Schritten oder Stufen entwickeln: *„Gradus amoris sunt hi: visus et alloquium, contactus, basia, factum"*, so heißt es in einem Merksatz: Blick, Anrede, Berührung, Kuss und Vereinigung. – Der mittelalterliche Liebestheoretiker Andreas Capellanus (➤ T 54, S. 93 f.) spricht von vier Stufen der Liebe: (De Amore, I 6, 60): *„Ab antiquo quattuor sunt gradus in amore constituti distincti. Primus in spei datione consistit, secundus in osculi exhibitione, tertius in amplexus fruitione, quartus in totius personae concessione finitur."*

2 carmina amatoria: „Liebeslieder": Abaelard hat über seine Liebe zu Heloisa Liebeslieder geschrieben, die in kürzester Zeit sehr populär wurden. Wie die Verbreitung dieser Lieder funktioniert hat, ist schwer zu rekonstruieren. Heloisa schreibt in einem Brief an Abaelard etwas genauer über seine Dichtung: „Bei ihr erholtest du dich wie bei einem Spiel von der Anstrengung deiner geistigen Arbeit, und eine ganze Anzahl von Gedichten und Liebesweisen, metrisch oder rhythmisch gebunden, hast du hinterlassen, die, wegen der besonderen Süße ihres Wortlauts und ihrer Melodie oft und viel gesungen, deinen Namen lebendig erhielten. Schon die Anmut deiner Weisen ließ auch ungebildete Leute dich nicht vergessen. Und daher vor allem seufzten die Frauen in Liebe zu dir. Die große Mehrzahl der Gedichte besang unsere Liebe, und so klang mein Name in Kurzem weit hinaus in die Lande und weckte in vielen Frauen die Eifersucht."

Keines dieser Liebeslieder hat sich erhalten. Es hat in der Forschung Bemühungen gegeben, etwa einige Lieder aus den *„Carmina Burana"* Abaelard zuzuweisen, aber diese Bemühungen blieben Spekulation.

27Vertiefung

1 Fasse kurz zusammen, wie sich die Liebesbeziehung weiterentwickelt.
  a An welchen Orten spielt sie sich ab?
  b Was schildert Abaelard relativ kurz, was relativ ausführlich?
  c Welche Körperteile nennt Abaelard? Welche Sinne sind beteiligt?
  d Was ist hier über Heloisa und ihre Einstellung zu der Geschichte zu erfahren?
2 Welches sind die wichtigsten Symptome von Abaelards Liebesglück?
3 Abaelard beschreibt, dass er wegen der Liebe zu Heloisa seiner Arbeit als Professor nicht mehr gut nachgehen kann. Woran merkt er das? Was genau schafft er nicht mehr?

Wie verträgt sich diese Tatsache mit dem Eindruck von einem kühl berechnenden, rationalen Abaelard, wie er uns aus der Lektüre des vorigen Textes vor Augen steht?

4 Abaelard arbeitet in diesem Abschnitt besonders intensiv mit rhetorischen Stilmitteln. Welche kannst du zuordnen?

5 Abaelard schreibt von einer Unterrichtsstunde, einer Art Nachhilfestunde, die als „Vorwand" für die Liebesbeziehung genommen wird. Einige Handlungen, die während dieses Unterrichts passieren, wären heute nicht mehr möglich. Welche Handlungen sind das? Wie erklärst du dir, dass sie heute im Verhältnis Lehrer–Schüler verboten sind?

 **t**ext

Petri Abaelardi
Historia Calamitatum

Die Entdeckung

Über die genauen Umstände, wie die Liebesgeschichte in Onkel Fulberts Haus nach einigen Monaten aufflog, schreibt Abaelard nichts. Irgendwann hat es der Onkel einfach gemerkt und die beiden Liebenden getrennt.

1 O quantus in hoc cognoscendo dolor avunculi! Quantus in separatione[1] amantium dolor ipsorum! Quanta sum erubescentia[2] confusus[3]! Quanta contritione[4]
5 super[5] afflictione[6] puellae sum afflictus[7]! Quantos maeroris[8] ipsa de verecundia[9] mea sustinuit[10] aestus[11]! Neuter[12], quod sibi, sed quod alteri contigerat[13], querebatur[14]; neuter[12] sua, sed alterius plangebat[15]
10 incommoda[16]. Separatio autem haec corporum maxima erat copulatio[17] animorum, et negata sui[18] copia[19] amplius[20] amorem accendebat[21]. [...] Actum itaque in nobis est, quod in Marte et Venere depre-
15 hensis poetica[22] narrat fabula. Non multo autem post puella se concepisse[23] comperit[24], et cum summa exultatione[25] mihi super hoc ilico[26] scripsit, consulens[27], quid de hoc ipse faciendum[28] deliberarem[29].
20 Quadam itaque nocte avunculo eius absente, sicut nos condixeramus[30], eam de domo avunculi furtim[31] sustuli[32] et in patriam meam sine mora[33] transmisi[34]; ubi[35] apud sororem meam tam diu[36] conversa-
25 ta[37] est, donec[38] pareret[39] masculum[40], quem Astralabium nominavit.

1 **1 separatio**, -onis f.: Trennung **2 erubescentia**, -ae: Erröten; Scham, Peinlichkeit **3 confundo** 3, -fudi, -fusum: verwirren, aus der Fassung bringen **4 contritio**, -onis f.: Reue, Zerknirschung **5 super** + abl.: h. wegen **6 afflictio**, -onis f.: Schmerz, Bedrängnis **7 affligo** 3, -flixi, flictum: bedrängen, peinigen **8 maeror**, -oris m.: Verzweiflung, Trauer **9 verecundia**, -ae: Schande **10 sustineo** 2: aushalten **11 aestus**, -us: Glut **12 neuter**: keiner von beiden **13 contingit**, -tigit: es stößt zu **14 queror** 3: beklagen **15 plango** 3: beweinen, beklagen **16 incommodum**, -i: Schaden, Nachteil **17 copulatio**, -onis f.: h. Verbindung **18 sui**: bez. auf *copia*: „dazu" **19 copia**, -ae: h. Gelegenheit **20 amplius** (adv.): mehr, noch mehr **21 accendo** 3: anfachen **22 in Marte et Venere deprehensis poetica fabula** ➤ K **23 concipio** 3M, -cepi, -ceptum: h. (ein Kind) empfangen; schwanger werden **24 comperio** 4, -peri, -pertum: entdecken **25 exultatio**, -onis f.: Freude **26 ilico** (adv.): sofort **27 consulo** 3: um Rat fragen **28 faciendum**: sc. *esse* **29 delibero** 1: glauben, meinen **30 condico** 3, -dixi, -dictum: verabreden, vereinbaren **31 furtim** (adv.): heimlich **32 tollo** 3, sustuli, sublatum: holen, abholen, entführen **33 mora**, -ae: Verzögerung **34 transmitto** 3, -misi, -missum: schicken **35 ubi**: h. dort (rel. Anschluss) **36 tam diu** (adv.): so lange **37 conversor** 1: h. sich aufhalten **38 donec** (+ coni.): bis **39 pario** 3M: gebären **40 masculus**, -i: Bub

1 In Marte et Venere deprehensis: „über die Entdeckung von Mars und Venus"

poetica fabula: „die Geschichte", „die Geschichte im Epos" – erstmals bei Homer, dann bei Ovid (➤ T 33, „Liebe als Kriegsdienst", S. 61 f.)

in patriam meam: Gemeint ist der Sitz von Abaelards Familie in der Bretagne.

Astralabium: Astralabius ist der Name des Sohnes von Abaelard und Heloisa; er ist sehr ungewöhnlich und ein Hinweis auf die humanistische Bildung seiner Eltern. *Astralabius* kommt aus dem Griechischen und bedeutet „Sternenergreifer" / „der nach den Sternen greift"; ein Astrolabium ist ein astronomisches Instrument für die Beobachtung der Sterne: die zweidimensionale Wiedergabe des Himmels, eine runde flache Scheibe, auf der die Sterne, Längen und Breiten etc. abgebildet sind. Heloisas und Abaelards Sohn Astralabius wuchs in der Familie von Abaelards Schwester auf und wurde später Kleriker.

ertiefung

1 Was sind mögliche Gründe dafür, dass Abaelard verschweigt, wie es genau zur Entdeckung der Liebesbeziehung durch den Onkel kam?

2 Beschreibe die Reaktionen auf die Entdeckung. Was sind ihre Folgen?

3 Was ist über Heloisas Einstellung zu den Ereignissen zu erfahren?

4 Nenne einige Stilmittel, die Abaelard für die Beschreibung der sich überstürzenden Ereignisse benutzt.

5 Welcher Satz in diesem Text sagt dasselbe wie das englische Sprichwort: „Absence makes the heart grow fonder"?

ext

Das Ende?

1 Avunculus autem eius post ipsius[1] recessum[2] quasi in insaniam[3] conversus, quanto aestuaret[4] dolore, quanto afficeretur[5] pudore[6], nemo nisi[7] experiendo cognosceret. Quid autem in[8] me ageret, quas mihi tenderet[9] insidias, ignorabat. Si me interficeret seu in aliquo[10] corpus meum debilitaret[11], id potissimum metuebat[12], ne dilectissima neptis hoc[13] in patria mea plecteretur[14]. [...]

5

10

1 **1 ipsius**: gen. sg. von *ipsa* – sc. *Heloisa* **2 recessus**, -us: h. Rückzug, Abreise (zur Geburt des kleinen Sohnes) **3 insania**, -ae: Wahnsinn
4 aestuo 1: innerlich glühen **5 afficio** 3M: befallen
6 pudor, -oris m.: Scham **7 nisi**: h. außer **8 in** + acc.: h. gegen **9 tendo** 3 **insidias**: einen Hinterhalt legen
10 in aliquo: h. an irgendeiner Stelle
11 debilito 1: verletzen, verstümmeln
12 metuo 3: fürchten (**metuo, ne**: „ich fürchte, dass")
13 hoc: h. deshalb, dafür **14 plector** 3: bestraft werden

2 Atque ut amplius[15] eum mitigarem[16], su-
pra quam[15] sperare poterat, obtuli[17] me ei
satisfacere[18], eam scilicet, quam corrupe-
ram[19], mihi matrimonio copulando[20],
15 dummodo[21] id secreto fieret, ne famae detrimentum[22] incurrerem. Assensit[23] ille, et
tam sua quam suorum fide[24] et osculis[25]
eam, quam requisivi, concordiam[26] me-
cum iniit[26], quo[27] me facilius[27] proderet[28].
20 [...]

3 Nato itaque parvulo[29] nostro sorori meae
commendato[30] Parisius[31] occulte[32] reverti-
mur; et, post paucos dies [...] ibidem sum-
mo mane[33] avunculo eius atque quibus-
25 dam nostris[34] vel ipsius[35] amicis assistenti-
bus nuptiali[36] benedictione[36] confoedera-
mur[37]; moxque occulte divisim[38]
abscessimus, nec nos ulterius[39] nisi[40] raro
latenterque[41] vidimus, dissimulantes[42]
30 plurimum, quod egeramus. Avunculus
autem ipsius atque domestici[43] eius, igno-
miniae[44] suae solatium[45] quaerentes, ini-
tum[46] matrimonium divulgare[47] et fidem[48]
mihi super hoc datam violare coeperunt;
35 illa[49] autem econtra[50] anathematizare[51] et
iurare[52], quia[53] falsissimum esset. Unde[54]
vehementer ille commotus crebris[55] eam
contumeliis[56] afficiebat.

4 Quod cum ego cognovissem, transmisi
40 eam ad abbatiam[57] quandam sanctimo-
nialium[58] prope Parisius, quae Argenteo-
lum appellatur, ubi ipsa olim[59] puellula[60]
educata[61] fuerat atque erudita[61], vestes-
que[62] ei religionis[62], quae conversationi
45 monasticae[63] convenirent[64], excepto velo[65]
aptari[66] feci et his eam indui[67].

5 Quo audito avunculus et consanguinei[68]
seu[69] affines[70] eius opinati[71] sunt me nunc
sibi plurimum illusisse[72], et ab ea moniali[73]
50 facta me sic facile velle expedire[74].

2 famae detrimentum: Rufschädigung: Abaelard befürchtet durch die Eheschließung den Verlust seines Rufes und seiner Karrieremöglichkeiten. Dies erklärt sich daraus, dass sich nach langen Diskussionen und Auseinandersetzungen in Abaelards Zeit das Zölibatsgebot der Kirche mehr und mehr durchsetzte; es besagt, dass die Kleriker, also die Träger eines kirchlichen Amtes, nicht heiraten dürfen. Zu den Klerikern gehörte auch Abaelard als Professor an einer kirchlichen Hochschule, obwohl er kein geweihter Priester war. Seit dem 11. Jh. war es für Kleriker durch zahlreiche Verordnungen und Konzilsbeschlüsse zunehmend schwieriger, eine kirchliche Karriere und eine gesetzlich anerkannte Familie zu vereinbaren. Die Gründe für die Einführung des Zölibats – wörtliche Bedeutung: „Ehelosigkeit", „Ledigkeit" – waren vielfältig: Eine große Rolle spielten erstens theologische Überlegungen: Durch die Ehe und die Berührung von Frauen wurden Priester nach der damaligen Auffassung unrein im kultischen Sinn. Durch die Ehelosigkeit konnten sie ihre Auserwähltheit unterstreichen sowie ihrer Gemeinde ungehindert durch familiäre Verpflichtungen zur Verfügung stehen. Außerdem ging es auch um Ökonomisches: Wenn ein Pfarrer Kinder hatte, war es unklar, wer nach seinem Tod den Grund und Geldbesitz seiner Pfarrei erben sollte – die Kinder oder die Kirche? Die Kirche löste dieses Problem, indem sie ihren Klerikern Ehe und Kinder verbot. Abaelard hätte die Beziehung zu Heloisa als Konkubinat aufrechterhalten können, also als unverheiratete Beziehung oder „wilde Ehe", denn dieses wurde erst vom Zweiten Laterankonzil im Jahr 1139 verboten, also knapp 20 Jahre nach diesen Ereignissen. Abaelard sucht hier also einen Kompromiss – einerseits wollte er nicht auf seine Karriere in der kirchlichen Hierarchie verzichten, andererseits musste er auf den Druck von Heloisas Onkel reagieren, der auf eine rechtmäßige Verbindung seiner von Abaelard „geschändeten" Nichte bestand. Den Kompromiss erkannte Abaelard in einer heimlichen Eheschließung.

osculis: hier ein Kuss unter Männern, eine Art „Bruderkuss", der die Verbindung von zwei Familien durch zwei Männer besiegelt

4 excepto velo: „den Schleier ausgenommen"; wenn Heloisa den Schleier genommen hätte, dann hätte das ihren endgültigen Eintritt ins Kloster bedeutet, und sie hätte die klösterlichen Gelübde ablegen müssen. Den Schleier erhielt man erst bei der Profess, dem Ritual zum endgültigen Eintritt ins Kloster.

ertiefung

1 Wie beurteilst du Abaelards Verhalten?

2 Wie erscheint der Onkel Heloisas in diesem Kontext? Warum ist es für ihn wichtig, dass die Eheschließung bekannt wird?

3 Wie verhält sich Heloisa? Welchen Grund nennt Abaelard dafür, dass er Heloisa in ein Kloster bringen lässt?

4 Wie entwickelt sich die Beziehung von Heloisa und Abaelard?

5 Sammle die verschiedenen Ausdrücke – Verben, Adverbien, Adjektive –, die Heimlichkeit ausdrücken, und jene, die mit Liebe zu tun haben.

6 ➤ ET 6: In der lateinischen Textpassage ist ein Teil ausgelassen, nämlich jener, der Heloisas Reaktion auf Abaelards Heiratsantrag schildert. Dieser ausgelassene Teil steht hier in deutscher Übersetzung.

a Fasse Heloisas Argumente zusammen.

b Ist Heloisa grundsätzlich gegen die Ehe oder nur gegen die Ehe mit Abaelard?

c Wo hat die Heirat in Heloisas Argumentation irgendetwas damit zu tun, dass sie Abaelard liebt? Ist diese Liebe für Heloisa ein Argument, das für die Heirat spricht oder dagegen?

ext

Petri Abaelardi Historia Calamitatum.
Nach: Abaelard, Der Briefwechsel mit Heloisa,
übers. v. Hans-Wolfgang Krautz (Stuttgart: Reclam 1989)

Heloisas Argumente gegen die Ehe

Abaelard schreibt in der *„Historia Calamitatum":*

1 „Ich kehrte nun in die Heimat zurück und holte die Geliebte ab, um sie zu meiner Frau zu machen. Aber sie war keineswegs damit einverstanden und riet mir aus zwei Gründen dringend ab: nämlich wegen der Gefahr und wegen meines Ehrverlustes. Sie schwor, jener – ihr Onkel – lasse sich durch keine Genugtuung über das, was geschehen sei, beruhigen. Es zeigte sich später, dass
5 sie Recht hatte. Sie fragte mich, welche Ehre sie an mir gewinnen könne, wenn sie mich ehrlos mache und sich und mich zugleich erniedrige. Welche Rechenschaft müsste die Welt von ihr fordern, wenn sie ihr eine solche Leuchte entzöge! Wie viel Verwünschungen würden diesem Ehebund folgen, welcher Schaden der Kirche, wie viel Tränen der Philosophen! Wie erbärmlich, wie kläglich wäre es, wenn ein Mann wie ich, geschaffen für alle, sich einer einzigen Frau verschrie-
10 be und sich unter ein so schimpfliches Joch beugen wollte! Sie verwarf diese Ehe aufs lebhafteste, da sie für mich in jeder Hinsicht anstößig und belastend sei."

Heloisa stützt ihre Argumente gegen die Ehe mit Zitaten aus den Briefen des Apostels Paulus und den Kirchenvätern: Professionelle Philosophen sollen nicht heiraten, um ganz frei für die Philosophie zu sein. Dann lässt Abaelard Heloisa fortfahren und das Wort direkt an ihn richten. Sie sagt:

15 „Um dieses Hindernis eines philosophischen Studiums einmal beiseite zu lassen; denk allein an den Zustand einer gutbürgerlichen Lebensführung! Was für ein Zusammentreffen! Schüler und Kammerzofen, Schreibtisch und Kinderwagen! Bücher und Hefte beim Spinnrocken, Schreibrohr und Griffel bei den Spindeln! Wer kann sich der Betrachtung der Schrift oder der Philosophie hingeben und dabei das Geschrei der kleinen Kinder, den Singsang der Amme, der sie beruhigen soll,
20 die geräuschvolle Schar männlicher und weiblicher Dienstboten ertragen? Wer wird die beständige widerliche Unreinlichkeit der Kinder aushalten können? Reiche Leute können das, wirst du sagen, deren Paläste oder weitläufige Häuser Hinterzimmer haben, deren Überfluss Kosten nicht spürt und nicht von Alltagssorgen behelligt wird. Allein die Lage der Philosophen ist, sage ich, eine andere als die der Reichen, und wiederum: Wer nach irdischen Schätzen trachtet und in die Sor-
25 gen dieser Welt verwickelt ist, wird nicht frei sein für theologische oder philosophische Aufgaben.

Darum haben auch die großen Philosophen der alten Zeit die Welt am meisten verachtet, ihr Treiben nicht so sehr hinter sich gelassen als vielmehr geflohen und sich so alle Freuden versagt, um allein in den Armen der Weisheit Ruhe zu finden. Einer der größten von ihnen, Seneca, gibt dem Lucilius folgende Anweisung: „Nicht nur, wenn du freie Zeit hast, darfst du philo-
30 sophieren: alles müssen wir vernachlässigen, um uns ihr zu widmen, für die keine Zeit lang genug ist. [...] Es macht keinen großen Unterschied, ob du die Philosophie aufgibst oder mit ihr aussetzt. Denn sie bleibt nicht da, wo sie unterbrochen wurde, stehen." Widerstehen muss man den Tagesgeschäften, sie nicht abwickeln, sondern fernhalten. Was noch jetzt unsere Mönche,

wenigstens die diesen Namen wahrhaft verdienen, aus Liebe zu Gott tun, das taten in der alten
35 Zeit aus Liebe zur Weisheit die edlen heidnischen Philosophen. Denn in jedem Volke, sei es heidnischen, jüdischen oder christlichen Glaubens, hat es von jeher Männer gegeben, die durch Zu-
verlässigkeit oder Sittenreinheit über den anderen standen und durch einen besonderen Grad
von Enthaltsamkeit und Strenge vom Volke geschieden waren. […] Wenn aber Laien, und dazu
Heiden, durch kein religiöses Gelübde gebunden, so gelebt haben, was wirst dann du zu tun ha-
40 ben, du, ein Kleriker und Kanoniker, dass du nicht dem Dienst an Gott schändliche Leidenschaf-
ten vorziehst, dass dich nicht kopfüber jene Charybdis verschlingt, dass du nicht in dieser Un-
zucht schamlos und unwiderruflich versinkst? Wenn dich die Rücksicht auf deinen geistlichen
Beruf nicht kümmert, so verteidige wenigstens die Würde der Philosophen. […]"

Abaelard schließt Heloisas Argumentation folgendermaßen:

45 „Heloisa fügte schließlich hinzu, wie gefährlich es für mich sei, sie zurückzuführen, und wie viel
lieber es ihr und ehrenvoller für mich sei, dass sie eher meine Geliebte als meine Gattin heißen
wolle, so dass mich an sie allein Zuneigung bände, nicht der Zwang der ehelichen Fessel kette-
te. Und wir, zur rechten Zeit getrennt, genössen bei unserer Zusammenkunft um so willkomme-
nere Freuden, je seltener sie wären."

ext

Petri Abaelardi
Historia Calamitatum

Die Rache

1 1 Unde[1] vehementer indignati[2] et adver-
sum[3] me coniurati[4] nocte quadam quies-
centem[5] me atque dormientem in secreta[6]
hospitii[7] mei camera[6] quodam mihi ser-
5 viente per pecuniam[8] corrupto crudelissi-
ma[9] et pudentissima[10] ultione[11] punie-
runt[12], et quam[13] summa ammiratione[14]
mundus excepit[15], eis videlicet[16] corporis
mei partibus amputatis[17], quibus id, quod
10 plangebant[18], commiseram[19]. Quibus mox
in fugam conversis duo, qui comprehen-
di[20] potuerunt, oculis et genitalibus[21] pri-
vati[22] sunt, quorum alter ille fuit supra-
dictus serviens, qui, cum in obsequio[23]
15 meo mecum maneret, cupiditate[24] ad pro-
ditionem[25] ductus est.

2 Mane[26] autem facto[26] tota ad me civitas[27]
congregata[28], quanta stuperet[29] ammiratione[14], quanta se affligeret lamentatio-
20 ne[30], quanto me clamore[31] vexarent, quanto planctu[32] perturbarent[33], difficile, immo[34] impossibile est exprimi[35].

1 1 unde ➤ K 2 indignor 1: sich entrüsten 3 adver-
sum + acc.: gegen 4 coniuror 1: sich verschwören 5 quies-
co 3: ruhen 6 secreta … camera: abgelegenes Zimmer
7 hospitium, -i: Herberge, Unterkunft 8 pecunia, -ae:
Geld 9 crudelis, -e: grausam 10 pudens, -entis:
schändlich 11 ultio, -onis f.: Rache 12 punio 4,
puni(v)i: bestrafen 13 quam: Rel.-Pron., bezogen auf
ultio 14 ammiratio, -onis f.: h. Entsetzen, Erschaudern
15 excipio = h. *accipio* 16 videlicet (adv.): nämlich
17 amputo 1: abschneiden, amputieren 18 plango 3: beklagen 19 committo 3, -misi: begehen 20 comprehendo
3: fassen, ergreifen 21 genitalia, -ium n.: Ge-
schlechtsorgane 22 privo 1 (+ abl.): einer Sache berauben 23 obsequium, -i: Dienst 24 cupiditas, -atis f.: h.
Geldgier 25 proditio, -onis f.: Verrat
2 26 mane facto: am Morgen, wörtl.: „nachdem es Morgen geworden war" 27 civitas, -atis f.: Gemeinde, Bür-
gerschaft 28 congregor 1: sich versammeln, zusammen-
strömen 29 stupeo 2: starren 30 lamentatio, -onis f.:
Klagegeschrei 31 clamor, -oris m.: Lärm, Geschrei
32 planctus, -us: Klage, Weinen 33 perturbo 1: aufregen;
hier wechselt das Subj. von der *civitas*, der ganzen Stadt-
gemeinde, in den logischen Plural: „die Leute" 34 immo
(verstärkend): ja, fürwahr 35 exprimo 3: ausdrücken

30 Kommentar

1 unde – „daher", bezieht sich auf die Ereignisse in T 29 (➤ S. 48 f.): Der Onkel und die Verwandten Abaelards fühlen sich von ihm betrogen. Sie sind auch das Subjekt dieses Satzes.

30 Vertiefung

1   Was geschieht mit Abaelard? Wer ist der Täter? Von wem geht die Tat aus? Wo wird diese Tat im vorigen Text bereits angedeutet?

2   Welche rhetorischen Stilmittel verwendet er an dieser dramatischen Stelle?

31 Text

Die Lösung

1   Quae mihi ulterius via pateret[1]? Qua fronte[2] in publicum prodirem[3], omnium digitis[4] demonstrandus, omnium linguis corrodendus[5], omnibus monstruosum[6] spectaculum futurus? Nec me etiam parum[7] confundebat[8], quod secundum[9] legis litteram[10] tanta sit apud Deum eunuchorum[11] abhominatio[12], ut homines amputatis vel attritis[13] testiculis[14] eunuchizati[11] intrare ecclesiam tamquam[15] olentes[16] et immundi[17] prohibeantur, et in sacrificio[18] quoque talia penitus[19] animalia respuantur[18]. [...]

2   In tam misera me contritione[20] positum, confusio[21] – fateor – pudoris[22] potius quam devotio[23] conversionis[24] ad monastichorum[25] latibula[26] claustrorum[25] compulit[27]. Illa[28] tamen – prius ad imperium nostrum sponte velata[29] – et[30] monasterium ingressa[31]. Ambo itaque simul sacrum habitum[32] suscepimus, ego quidem in abbatia sancti Dyonisii, illa in monasterio Argenteoli. Quae quidem, memini, cum eius adolescentiam[33] a iugo[34] monasticae regulae tamquam intolerabili poena plurimi frustra deterrerent[35] ei compatientes[36], in illam Corneliae[37] querimoniam[38] inter lacrimas et singultus[39] prorumpens[40] ait:

1   1 pateo 2: offen stehen; **pateret**: coni. dub. d. Vght: „wäre …" **2 frons**, -ntis f.: Stirn, h. Gesicht **3 prodeo**, -ire: treten, hinaustreten **4 digitus**, -i: Finger **5 corrodo** 3: zerreißen **6 monstruosus** 3: monströs, verstörend **7 parum** (adv.): wenig **8 confundo** 3: verstören, bestürzen, verwirren **9 secundum** + acc.: nach, gemäß **10 littera**, -ae: h. Buchstaben, Wortlaut **11 eunuchus**, -i und **eunuchizatus**, -i: Kastrierter **12 ab(h)ominatio**, -onis f.: Verabscheuung **13 attero** 3, -trivi, -tritum: zerquetschen **14 testiculus**, -i: Hoden **15 tamquam**: wie **16 oleo** 2: stinken **17 immundus** 3: unrein **18 in sacrificio respuere**: zum Opfer nicht zulassen, vom Opfer ausschließen **19 penitus**: h. genau wie

2   20 contritio, -onis f.: Elend, Notlage **21 confusio**, -onis f.: Verwirrung, Ratlosigkeit **22 pudor**, -oris m.: Scham **23 devotio**, -onis f.: Gelübde **24 conversio**, -onis f.: Bekehrung; **devotio conversionis**: gottesfürchtige Bekehrung **25 monasticha claustra** n. pl.: Mönchsklause, Mönchskloster **26 latibulum**, -i: Schlupfwinkel **27 compello** 3, -puli: drängen, treiben, jagen **28 illa** = *Heloisa* **29 velo** 1: verschleiern; pass. h.: den (Nonnen-)Schleier nehmen **30 et**: h. auch **31 ingressa**: sc. *est* **32 habitus**, -us: Kleid, Gewand (➤ K) **33 eius adolescentiam**: h. „sie in ihrer Jugendlichkeit" **34 iugum**, -i: Joch, Fessel **35 deterreo** 2: abschrecken **36 compatior** 3M (+ dat.): bemitleiden **37 Cornelia**, -ae ➤ K **38 querimonia**, -ae: Klage **39 singultus**, -us: Schluchzer **40 prorumpo** 3: ausbrechen, hervorbrechen

<table>
<tr><td>3</td><td>„O maxime coniux! O thalamis[41] indigne meis! [...] Cur impia nupsi[42], si miserum</td></tr>
</table>

3 „O maxime coniux! O thalamis[41] indigne
   meis! [...] Cur impia nupsi[42], si miserum
30 factura[43] fui? Nunc accipe[44] poenas sed
   quas sponte[45] luam[46]."
4 Atque in his verbis ad altare mox properat
   et confestim[47] ab episcopo[48] benedictum
   velum[49] ab altari tulit et se monasticae
35 professioni[50] coram omnibus alligavit[51].

3 **41 thalamus**, -i: Hochzeit **42 nubo** 3, nupsi: heiraten **43 facio** 3M (+ acc.): jmdn. zu etw. machen; **factura**: sc. te **44 nunc accipe**: Reihenfolge: *Sed nunc accipe poenas, quas sponte luam* **45 sponte**: h. freiwillig **46 poenas luo** 3: Buße tun

4 **47 confestim** (adv.): unverzüglich **48 episcopus**, -i: Bischof **49 velum**, -i: Schleier, Nonnenschleier **50 professio monastica**: Klostergelübde (➤ K) **51 alligo** 1 (+ dat.): an etw. binden

Kommentar

Petri Abaelardi
Historia Calamitatum

2 sacrum habitum: Mit dem „heiligen Kleid" ist das Mönchs- bzw. Nonnengewand gemeint: Beide treten in ein Kloster ein.

abbatia sancti Dyonisii: Die Abtei Saint Denis in Paris ist eines der ältesten und bedeutendsten Klöster Frankreichs. Das Kloster existiert nicht mehr, aber die Kirche gehört nach wie vor zu den berühmtesten Kirchen Frankreichs. Geweiht waren Kloster und Kirche dem heiligen Dionysius, dem Schutzpatron Frankreichs und ersten Bischof von Paris; er kam im 3. Jh. aus Rom nach Gallien, um hier zu predigen und zu missionieren. Er wurde verhaftet und zusammen mit zwei Glaubensgefährten in einem Streich enthauptet. Nach der Legende stand er nach der Enthauptung auf, nahm seinen Kopf in seine Hände, verließ – von einem Engel geführt – den Montmartre *(Mons Martyrum)* und ging zu jener Stelle, wo er begraben werden wollte und wo dann im 5. Jh. das Kloster gegründet wurde. Zu Abaelards Zeit wurde das Kloster gerade einem umfassenden Um- und Neubau unterzogen, durch den es zu einem bedeutenden Beispiel für die französische Gotik wurde.

Argenteoli: Das Kloster Sainte Marie de Argenteuil war – so wie auch Saint Denis – ein sehr traditionsreiches Kloster in Paris, ein Frauenkloster. Gegründet vom Merowingerkönig Childebert im 7. Jh., hatte es jahrhundertelang königliche Prinzessinnen als Äbtissinnen beherbergt. Nach der Zerstörung durch die Normannen wurde es im 11. Jh. von der Königsfamilie neu gegründet und war zu Heloisas Zeit durch die Übernahmegelüste der Abtei Saint Denis sehr gefährdet.

Corneliae: Die Worte, die Heloisa laut Abaelard beim Eintritt ins Kloster sprach, sind ein Zitat aus dem Epos *„De bello civili"* von Lucan. Gesprochen werden sie dort von Cornelia, die der berühmten Familie der Scipionen entstammte und zuerst mit Crassus und dann mit Pompeius verheiratet war. Sie galt in der Antike als vorbildliche Ehefrau, als Muster an Schönheit, Tugend, Bildung und Tapferkeit, denn sie musste nicht nur den Bürgerkrieg an der Seite ihrer Ehemänner ertragen, sondern auch ihren Ehemann Pompeius im Jahr 49 v. Chr. auf der Flucht vor Caesar aus Rom begleiten und dann mit ansehen, wie er ein Jahr später ermordet wurde. Dass Abaelard Heloisa Lucan zitieren lässt, soll erstens Heloisas hervorragende literarische Bildung beweisen, die sie auch noch in Extremsituationen griffbereit hat, und verweist zweitens auf seine eigene literarische Bildung.

4 monasticae professioni: Im Mittelalter war es Verheirateten möglich, ins Kloster einzutreten; dieser Klostereintritt konnte nicht nur erfolgen, wenn einer der Ehepartner gestorben und die Ehe daher durch den Tod geschieden war, sondern auch, wenn der Ehepartner noch lebte und einwilligte. Auch wenn Abaelard und Heloisa also verheiratet waren, konnten sie ins Kloster eintreten und die Gelübde ablegen, und zwar unter zwei Bedingungen: Erstens mussten sie beide eintreten und zweitens durften sie ihre Ehe nicht weiterführen, auch wenn diese im christlich-kirchlichen Sinn aufrecht blieb. Das bedeutet, dass sie weiterhin „Ehemann" und „Ehefrau" waren, aber von Tisch und Bett getrennt leben mussten.

Vertiefung

1 Was sind die Reaktionen Abaelards auf die Rache von Heloisas Onkel? Was haben sie mit Heloisa zu tun?

2 **a** Wie begründet er, dass er im Eintritt ins Kloster den einzigen Weg sieht?

b Nach allem, was du über Abaelard jetzt weißt: Welche Vorteile könnte er in einem Eintritt ins Kloster gesehen haben?

c Wie schildert Abaelard die weitere Geschichte von Heloisa? Für wie freiwillig hältst du ihre Entscheidung?

3 ➤ ET 7, S. 56 ff.: Im folgenden Ergänzungstext schildert Heloisa ihre Sicht der Dinge. Sie hat die *„Historia Calamitatum"*, die Abaelard für einen jungen Freund geschrieben hat, in die Hand bekommen und entschließt sich nun, Abaelard darauf zu antworten und einige Dinge zurechtzurücken. Lies den Text und beantworte dann folgende Fragen:

a Fasse Heloisas Version der Geschichte – soweit möglich – kurz zusammen.

b Was ist für dich neu im Vergleich zu Abaelards Version?

c Was unterscheidet Heloisas Sicht von jener Abaelards, was haben sie gemeinsam?

d Wie stellt sich nach der Lektüre ihres Briefes die Freiwilligkeit von Heloisas Entscheidung für das Kloster dar?

e Ergibt sich durch die Lektüre ihres Briefes für dich ein anderer Eindruck von Heloisa – oder ist sie in Abaelards *„Historia Calamitatum"* schon hinlänglich beschrieben? Welche ihrer Eigenschaften findest du in ihrem Brief, die in Abaelards Text nicht vorkommen? Und wie schaut es mit deinem Eindruck von Abaelard aus – welche neuen Facetten hat er durch die Lektüre von Heloisas Brief für dich bekommen?

f Heloisa stellt in ihrem Brief eine Reihe von Forderungen an Abaelard. Um welche handelt es sich?

g Wie ist das Leben der beiden deiner Meinung nach weitergegangen? Entwickle zuerst eine Hypothese dazu und recherchiere dann im Internet.

4 **a** Nachdem du jetzt die ganze Geschichte kennst: Formuliere einen Bericht für eine Tageszeitung und einen weiteren für ein Klatschblatt.

b Stelle eine ungefähre Reihenfolge und Chronologie der Ereignisse her. Wie lange war deiner Meinung nach die Beziehung von Abaelard und Heloisa eine Liebesbeziehung? Begründe deine Antwort.

c Welche Teile der Geschichte wirken auf dich verständlich und nachvollziehbar, was wirkt fremd und unverständlich? Wie erklärst du das?

**ext**

Heloisa, Brief an Abaelard.
Nach: Abaelard, Der Briefwechsel mit Heloisa,
übers. v. Hans-Wolfgang Krautz (Stuttgart: Reclam 1989)

Heloisas Sicht der Dinge

1 Und doch, du weißt es wohl, dass du an mich mit um so größerer Verpflichtung gebunden bist, je mehr du vom Band des Ehesakraments – das steht fest – gefesselt bist, und mein Schuldner bist du umso mehr, als ich dich allezeit – wie aller Welt offenbar ist – mit grenzenloser Liebe umfasst habe. Du weißt es, Geliebter, und alle Welt weiß es, wie viel ich in dir verloren habe und

5 mit welch jammervollem Sturz jener allgemein bekannte höchste Verrat mich mir selbst und dir zugleich entriss und dass mir aus der Art und Weise des Verlustes ein unvergleichlich viel größerer Schmerz erwächst als aus dem Unglück selbst. Aber je mehr Grund zum Schmerz vorhanden ist, desto mehr müssen auch stärkere Trostmittel angewandt werden, allerdings nicht von einem andern, sondern von dir allein, der du meines Leidens Grund bist: du allein magst auch

10 meines Trostes Gnade sein. Du allein kannst mich elend machen, du nur mich erfreuen und trösten. Und du allein schuldest es mir, jetzt ganz besonders, da ich alles, was du befahlst, so vollkommen erfüllt habe, dass ich mich selbst auf deinen Befehl zu vernichten traute, denn dir zuwiderhandeln könnte ich nicht.

Aber noch Größeres widerfuhr mir, noch Seltsameres: Meine Liebe schlug um in solchen Wahn-

15 sinn, dass sie sich selbst das, was sie einzig begehrte, raubte ohne Hoffnung auf Wiedererlangung, indem ich selbst auf deinen Befehl zugleich mit dem Gewand auch meine Seele umwandelte, um zu zeigen, dass du allein Herr meines Leibes und meiner Seele seist. Nichts habe ich je bei dir gesucht – Gott weiß es – als dich selbst: dich schlechthin begehrte ich, nicht das, was dein war. Kein Ehebündnis, keine Morgengabe habe ich erwartet; nicht meine Lust und meinen Wil-

20 len suchte ich zu befriedigen, sondern den deinen, das weißt du wohl. Mag dir der Name „Gattin" heiliger und ehrbarer scheinen, mir war allzeit reizender die Bezeichnung „Geliebte", oder gar – verarg es mir nicht – deine „Konkubine", deine „Dirne". Je tiefer ich mich um deinetwillen erniedrigte, desto mehr wollte ich dadurch Gnade bei dir finden und um so weniger gerade auf diese Weise dem Ruhm deiner Vorzüglichkeit schaden. Und du selbst hast in jenem Trost-

25 brief an deinen Freund, den ich oben erwähnte, dies um deinetwillen keineswegs vergessen. Du hast es nicht verschmäht, einige der Gründe anzuführen, mit denen ich versuchte, dich von unserer Ehe und der unseligen Vermählung abzuhalten; allein du hast diejenigen fast alle unerwähnt gelassen, aus denen ich die Liebe der Ehe, die Freiheit dem Zwang vorzog. Gott rufe ich an als Zeugen; wollte mich heute der Kaiser, der Herr der Welt, der Ehre seines Ehebetts würdi-

30 gen und mir zusichern, für immer über die ganze Welt gebieten zu können; für süßer und würdiger achtete ich's, deine Buhlerin zu heißen als seine Kaiserin. Denn ist jemand nicht deshalb, weil er reicher oder mächtiger ist, bereits besser: jenes ist Sache des Zufalls, dies des sittlichen Wertes. Jene muss sich ja selbst in nicht geringem Maße für eine feile Person halten, die lieber einen reicheren als einen ärmeren Mann heiratet und weniger den Mann selbst begehrt als das,

35 was er hat. Gewiss, der Frau, die eine solche Gier zur Ehe treibt, schuldet man eher Lohn als Zuneigung. Denn es ist ja gewiss, dass sie nach dem Besitz verlangt, nicht nach dem Mann, und dass sie sich, wenn sie nur könnte, einem reicheren Mann noch lieber preisgeben würde […].

Zweierlei – ich gestehe es – war es vor allem, womit du die Herzen aller Frauen sofort gewinnen konntest: eine Ausstrahlungskraft der Dichtung und des Gesanges, die, wie ich weiß, die übri-

40 gen Philosophen am allerwenigsten erreicht haben. Bei ihr erholtest du dich wie bei einem Spiel von der Anstrengung deiner geistigen Arbeit, und eine ganze Anzahl von Gedichten und Liebesweisen, metrisch oder rhythmisch gebunden, hast du hinterlassen, die, wegen der besonderen Süße ihres Wortlauts und ihrer Melodie oft und viel gesungen, deinen Namen lebendig erhiel-

ten. Schon die Anmut deiner Weisen ließ auch
ungebildete Leute dich nicht vergessen. Und
daher vor allem seufzten die Frauen in Liebe zu
dir. Die große Mehrzahl der Gedichte besang
unsere Liebe, und so klang mein Name in Kurzem weit hinaus in die Lande und weckte in
vielen Frauen die Eifersucht. Denn welcher Vor-
zug des Körpers und des Geistes zierte nicht deine Jugend? Welche Frau, die mich einst beneidete, würde nicht jetzt, da ich solcher Wonne
beraubt bin, mein Unglück zum Mitleid zwingen? Welchen Mann, welche Frau, und wären
sie mir noch so feind, erweichte jetzt nicht das
mir von Anfang an geschuldete Mitleid?

Ganz schuldig bin ich, und doch auch, du
weißt es, ganz und gar schuldlos. Denn nicht
der Erfolg der Tat, sondern die Verfassung des
Täters unterliegt der Anklage. Und die Billigkeit
wägt nicht, was geschieht, sondern aus welcher
Gesinnung etwas geschieht. Welche Gesinnung
ich aber dir gegenüber allezeit hatte, das kannst
du allein beurteilen, der du sie erprobt hast.
Deiner Prüfung überlasse ich alles, deiner Entscheidung füge ich mich in allen Stücken.

Abb. 20: Salvador Dalì, Héloïse & Abélard, Aquarell
(1959), Privatbesitz

Nur das eine sage mir, wenn du kannst: warum
ich nach unserem Eintritt ins Kloster, den du allein beschlossen hast, so sehr deiner Nachlässigkeit
und Vergesslichkeit zum Opfer gefallen bin, dass ich mich weder an einem Gespräch mit dem An-
wesenden erquicken noch mit einem Brief des Abwesenden trösten konnte. Warum das? Sag es,
wenn du kannst, oder ich spreche aus, was ich denke, ja, was jedermann argwöhnt! Ach! Begierde
mehr als Freundschaft verband dich mir, Glut der Sinnenlust mehr als Liebe. Wo dahin ist, was du
begehrtest, ist auch zugleich erloschen, was du um dessentwillen einst an den Tag legtest. Das, mein
Geliebter, ist nicht etwa meine eigene Meinung, sondern die aller, keine besondere, sondern eine
allgemeine, keine private, sondern eine öffentliche.

Wenn es doch nur mir allein so erschiene und deine Liebe einige Fürsprecher zu ihrer Entschul-
digung fände, durch die mein Schmerz einigermaßen gelindert würde. Könnte ich doch Umstände erfinden, dich zu entschuldigen und zugleich mein Elend zu verdecken!

Höre, worum ich dich bitte, ich beschwöre dich! Und du wirst sehen: es ist dir ein Geringes und
Leichtes. Da ich nun einmal deiner Gegenwart beraubt bin, so lass doch in Worten der Liebe, die
dir in Fülle zu Gebote stehen, dein süßes Bild bei mir einkehren! Vergeblich erwarte ich dich frei-
gebig in Wirklichkeit zu erleben, wenn ich dich in Worten geizig erleben muss. Ich hatte geglaubt,
ich hätte deinen besonderen Dank verdient, da ich um deinetwillen alles erfüllt habe und bis jetzt
im Gehorsam dir gegenüber verharre. Denn nicht Frömmigkeit, sondern dein Befehl allein hat
mich in blühender Jugend zur Düsternis des Klosterlebens gezogen. Habe ich dadurch nicht deinen Dank verdient, dann urteile, wie vergeblich ich leide! Denn von Gott darf ich dafür keinen
Lohn erwarten, da ich nichts aus Liebe zu ihm getan habe: das steht fest.

Da du bei Gott allein deine Zuflucht suchtest, bin ich dir gefolgt, nein, im Schleier vorangeeilt
bin ich dir. Als dächtest du an Lots Weib, das sich einst rückwärts wandte, hast du erst mich den
Schleier nehmen und das Gelübde ablegen lassen, ehe du selbst dich Gott zum Eigentum weih-

test. Es schmerzte mich und beschämte mich, ich sage es offen, dass du mir damals weniger zutrautest als dir selbst. Und doch, Gott weiß es, ich wäre auf deinen Befehl ohne Zögern, wenn du dich in die Hölle stürztest, dir vorangeeilt oder gefolgt. Mein Herz war ja nicht mehr mein,
95 sondern bei dir. Und wenn es jetzt auch bei dir nicht mehr ist, ist es nirgendwo, denn ohne dich kann es überhaupt nicht mehr sein. Ach, lass es bei dir geborgen sein, ich beschwöre dich! Und wohlgeborgen wird es bei dir sein, wenn es dich gütig findet, wenn du Liebe mit Liebe vergelten willst, Großes mit Kleinem, Taten mit Worten. Ach, wenn doch, Geliebter, deine Liebe sich weniger auf mich verlassen könnte, so dass sie beunruhigter wäre! Nun, da ich dich so sicher ge-
100 macht, muss ich dich um so gleichgültiger ertragen. Ich beschwöre dich, denke daran, was ich für dich getan habe, und vergiss nicht, was du mir schuldest. Als ich des Fleisches Lust in deinen Armen genoss, da durften die meisten meiner unsicher sein, ob ich es aus Liebe oder Lüsternheit trieb. Jetzt aber zeigt ja der Ausgang, unter welchen Vorzeichen ich begann. Alle Freuden habe ich mir versagt, um deinem Willen zu gehorchen. Nichts habe ich mir zurückbehal-
105 ten, als ganz und gar nur dir zu gehören.

Darum bedenke, wie groß deine Ungerechtigkeit ist, wenn du mir geringeren Dank entrichtest, die ich größeren verdiene, oder gar überhaupt keinen – zumal es ja ein geringes und eine Kleinigkeit für dich ist, was ich verlange. Darum, bei dem Gott, dem du dich anheim gegeben, beschwöre ich dich: Schenke mir deine Gegenwart, so gut du kannst, und schreib mir zum Trost
110 wenigstens etwas, damit ich, so gestärkt, um so froher für den Dienst Gottes frei bin.

Als du mich einst für die Freuden der Welt begehrtest, besuchtest du mich in zahlreichen Briefen, und
115 deine Heloisa, in so manchem Liede gefeiert, legtest du in aller Munde; mich besangen alle Gassen, mich jedes Haus. Wie viel mehr
120 solltest du mich jetzt zur Gottesliebe wie einst zur Wollust erwecken! Bedenke, was du mir schuldest, und höre, was ich verlange!
125 Und so will ich den langen Brief mit dem kurzen Wort beschließen: Lebe wohl, du mein Ein und Alles!

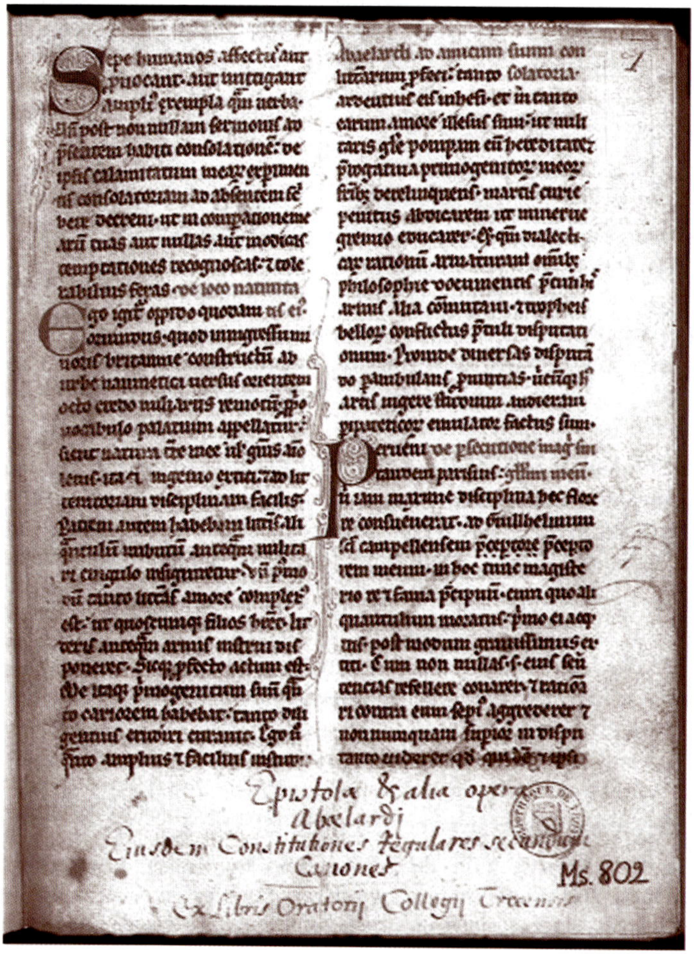

Abb. 21: Handschrift der Briefe von Abaelard und Heloisa (Ende 13. Jh.), Stadtbibliothek Troyes

**ext**

Cicero,
Laelius de amicitia 26 f.; 100

Amor und *amicitia*:
Wie Liebe und Freundschaft zusammenhängen

Der folgende Text ist ein Ausschnitt aus einem Gespräch dreier Männer über die Freundschaft. Der Sprecher ist Laelius, ein alter, weiser Mann, der gerade einen guten Freund betrauert und mit seinen beiden Schwiegersöhnen über das Wesen der Freundschaft spricht.

Es handelt sich um Ausschnitte aus einem Dialog Ciceros, des berühmten römischen Politikers, Rechtsanwaltes und Schriftstellers, entstanden in der letzten, politisch und persönlich sehr schwierigen Phase von Ciceros Leben, ungefähr im Jahr 44 v. Chr.

Im Mittelalter gehörte dieser Dialog zu den einflussreichsten Werken Ciceros und gilt, trotz seines heidnischen Verfassers, als einer der Grundlagentexte der christlichen Reflexion über Freundschaft und Liebe. Ein gebildeter Mensch des Mittelalters musste ihn kennen, um bei diesem Thema mitreden zu können.

26 Saepissime igitur mihi de amicitia cogitanti maxime illud considerandum videri solet, utrum[1] propter imbecillitatem[2] atque inopiam[3] desiderata sit amicitia, ut
5 dandis recipiendisque meritis[4], quod[5] quisque minus per se ipse posset, id[5] acciperet ab alio vicissimque[6] redderet[7], an[8] esset hoc quidem proprium[9] amicitiae, sed antiquior et pulchrior et magis a natu-
10 ra ipsa profecta alia causa[10]. Amor enim, ex quo amicitia nominata est, princeps[11] est ad benevolentiam[12] coniungendam. Nam utilitates[13] quidem etiam ab iis percipiuntur saepe, qui simulatione amicitiae
15 coluntur[14] et observantur[15] temporis causa[16], in amicitia autem nihil fictum[17] est, nihil simulatum et, quidquid est, id est verum et voluntarium[18].

27 Quapropter a natura mihi videtur potius
20 quam ab indigentia[19] orta[20] amicitia, applicatione[21] magis animi cum quodam sensu[22] amandi quam cogitatione, quantum illa res utilitatis esset habitura. Quod quidem quale sit[23], etiam in bestiis quibus-

26 **1 utrum** (+ coni.): ob **2 imbecillitas**, -atis f.: Schwäche **3 inopia**, -ae: Hilflosigkeit, Not **4 meritum**, -i: Wohltat **5 quod** (Rel.-Pron.): bezogen auf das folgende *id* **6 vicissim** (adv.): wechselseitig, abwechselnd **7 reddo** 3: vergelten, zurückgeben **8 an**: oder ob (setzt die indirekte Frage fort) **9 proprium**, -i: Eigenschaft **10 alia causa**: sc. *esse* **11 princeps**, -ipis: h. besonders geeignet **12 benevolentia**, -ae: Wohlwollen **13 utilitas**, -atis f.: Vorteil **14 colo** 3: h. ehren **15 observo** 1: hochachten **16 temporis causa**: „wegen der Zeitumstände" (➤ K) **17 fictus** 3: erheuchelt, erlogen **18 voluntarius** 3: freiwillig, aus freiem Willen

27 **19 indigentia**, -ae: Bedürfnis, Bedürftigkeit **20 orta**: sc. *esse* (NcI, abhängig von *videtur*) **21 applicatio**, -onis f.: Zuneigung **22 sensus**, -us: h. Gefühl **23 quod quidem quale sit**: „was es damit freilich auf sich hat"

dam animadverti[24] potest, quae ex se
natos[25] ita amant ad[26] quoddam tempus et
ab eis ita amantur, ut facile earum sensus
appareat[27]. Quod in homine multo est evi-
dentius[28], primum ex ea caritate, quae est
30 inter natos et parentes, quae dirimi[29] nisi
detestabili[30] scelere non potest; deinde
cum similis sensus exstitit amoris, si ali-
quem nacti[31] sumus, cuius cum moribus[32]
et natura congruamus[33], quod in eo quasi
35 lumen[34] aliquod probitatis[35] et virtutis per-
spicere videamur. [...]
100 Virtus, virtus, inquam[36], C. Fanni, et tu,
Q. Muci, et conciliat[37] amicitias et conser-
vat. In ea[38] est enim convenientia[39] rerum,
40 in ea stabilitas[40], in ea constantia[41]; quae
cum se extulit[42] et ostendit suum lumen et
idem aspexit agnovitque[43] in alio, ad id se
admovet[44] vicissimque[45] accipit illud, quod
in altero est; ex quo exardescit[46] sive amor
45 sive amicitia; utrumque[47] enim dictum est
ab amando; amare autem nihil est aliud
nisi eum ipsum diligere, quem ames, nulla
indigentia, nulla utilitate quaesita[48]; quae
tamen ipsa efflorescit[49] ex amicitia, etiam-
50 si[50] tu eam minus secutus sis[51].

---

24 animadverto 3: beobachten, bemerken, sehen **25 ex se nati**: „die aus ihnen Geborenen" = ihre Jungen **26 ad** + acc.: h. bis zu **27 appareo** 2: sich zeigen, zum Vorschein kommen, sichtbar werden **28 evidens**, -ntis: deutlich, offensichtlich **29 dirimo** 3: trennen, zerstören **30 detestabilis**, -e: verabscheuungswürdig **31 nanciscor** 3, nactus sum: finden, treffen **32 mores**, morum m. pl.: Lebensweise, Lebensstil **33 congruo** 3: übereinstimmen, harmonieren **34 lumen**, -inis n.: Leuchte **35 probitas**, -atis f.: Rechtschaffenheit

100 36 inquam: „sag ich euch!" – Einschub zur besonderen Betonung **37 concilio** 1: vereinigen, vermitteln, stiften **38 in ea**: sc. *virtute* **39 convenientia**, -ae: Übereinstimmung, Harmonie **40 stabilitas**, -atis f.: Festigkeit **41 constantia**, -ae: Beständigkeit **42 effero**, -ferre, extuli, elatum: erheben **43 agnosco** 3, agnovi, agnitum: erkennen, wiedererkennen **44 admoveo** 2: nähern, annähern **45 vicissim**: wechselseitig, wiederum **46 exardesco** 3: entbrennen, erglühen **47 utrumque**: beides **48 nulla ... quaesita**: „ohne dass ..." (abl. abs.) **49 effloresco** 3: erblühen, herauswachsen **50 etiamsi**: auch wenn **51 sequor** 3, secutus sum: h. nachstreben, auf etw. aus sein

---

 **32 ommentar**

Cicero,
Laelius de amicitia 26 f.; 100

26 temporis causa: wörtl: „wegen der Zeit". Der Begriff *tempus* bezeichnet hier genau genommen keinen bestimmten „Zeitraum" oder „Zeitpunkt", sondern vielmehr die Zeitumstände und Verhältnisse.

100 C. Fanni, Q. Muci: Gaius Fannius und Quintus Mucius sind die beiden jungen Römer, zu denen Laelius hier spricht. Laelius ist ein mittlerweile alter Mann, berühmt für seine Weisheit, seine Bildung und seine philosophischen Kenntnisse. Cicero legt den Dialog folgendermaßen an: Laelius führt mit seinen beiden Schwiegersöhnen Fannius und Mucius Scaevola ein Gespräch über das Wesen der Freundschaft; der Anlass dafür ist der Tod seines Freundes Scipio Africanus Minor im Jahr 129 v. Chr. Viele Jahre später erzählt der mittlerweile alte Mucius Scaevola, kurz bevor er im Jahr 88 v. Chr. starb, dem damals noch jungen Cicero von diesem Gespräch. Der Dialog ist im Jahr 44 v. Chr. entstanden, in einer für Cicero – und überhaupt ganz Rom – sehr schwierigen und gefährlichen Zeit unmittelbar nach Caesars Tod, kurz vor Ciceros eigenem Tod.

32 Vertiefung

1 Skizziere kurz, wie *amor* und *amicitia* zusammenhängen.

2 **a** Was ist gemeint, wenn von *utilitates* die Rede ist?

   b Sind diese *utilitates* in einer *amicitia* ausgeschlossen?

   c Wodurch unterscheidet sich *amicitia* von einer auf *utilitates* ausgerichteten Beziehung?

3 **a** Die Tatsache, dass hier ein Mann – Cicero – einen berühmten alten Mann namens Laelius zu zwei jungen Männern, seinen Schwiegersöhnen, über Freundschaft sprechen lässt, legt nahe, dass es dabei um Freundschaft unter Männern geht. Was spricht auch in diesem Text dafür?

Abb. 22: M. Tullius Cicero, röm. Marmorbüste, Rom, Kapitolinisches Museum

   b Was könnten mögliche Gründe dafür sein, dass Frauen von einer solchen Idee von Freundschaft im antiken Rom ausgeschlossen waren?

   c Was kann eine solche Idee von Freundschaft und Liebe mit Politik zu tun haben? Informiere dich über die politische Situation in Rom in den Jahren um 129 v. Chr. (als das Gespräch stattgefunden hat) und 44 v. Chr., als Cicero den Dialog aufgeschrieben hat. Welche politischen Gründe kann es für den Dialog gegeben haben?

   d Wodurch unterscheidet sich das Konzept von Liebe und Freundschaft, von dem Laelius spricht, von jenem, das in T 6 von Catull (carmen 99 ➤ S. 10) entworfen wird?

4 Versuche, einige rhetorische Stilmittel im Text zu identifizieren. Wozu dienen sie?

5 An einer Stelle verwendet Cicero für „Liebe" ein anderes Wort als *amor*. Welches? Warum wohl? Um welche Art von Liebe geht es in jenem Zusammenhang?

33 Text

Ovid,
Amores I 9 (gek.)

Liebe als Kriegsdienst

Die Gattung der Liebeselegie ist besonders reich an Topoi, d. h. „Gemeinplätzen" oder typischen Motiven, die in einem subjektiven Liebesgedicht, wie es für die römische Elegie charakteristisch ist, einfach vorkommen „mussten". Dazu zählt beispielsweise die Anrede der Geliebten nicht nur mit Begriffen wie *puella* oder *amica*, sondern vor allem auch als *domina*; die Tätigkeit des *amans* selbst wird dann logischerweise als *servire* oder *servitium* bezeichnet. Zu diesem „Dienst" gehört vor allem die schmachtende Verehrung, das Anbeten und Anflehen der Ersehnten, das auch oft dazu führt, dass der *amans* tage- und nächtelang vor ihrem Haus ausharrt, bis sie doch Mitleid empfindet und ihn einlässt.

Besonders beliebt ist der Topos der *militia amoris*, also die Gleichsetzung von Liebe und Kriegsdienst: Der Liebhaber muss um seine Geliebte kämpfen, alle möglichen Hindernisse überwinden und sogar Feinde (= Nebenbuhler) überlisten, um zum „Sieg" zu gelangen. Diesem in der Elegie besonders häufig verwendeten Topos hat Ovid eine ganze Elegie gewidmet, in der er anhand zahlreicher Beispiele ausführt, warum *amans* und *miles* einander so ähnlich sind.

<table>
<tr><td>

1 Militat omnis amans, et habet sua castra Cupido;
    Attice, crede mihi, militat omnis amans.
Quae[1] bello est habilis[2], Veneri quoque convenit[3]
                      aetas:
   turpe[4] senex[5] miles, turpe senilis amor.

</td><td>

1 **1 quae … aetas:** *aetas, quae … est, convenit*
… **2 habilis, -e:** passend, geeignet **3 convenio** 4 (+ dat.): passen (zu) **4 turpe** (sc. *est*):
„etwas Schimpfliches" **5 senex:** adjektivisch!
senilis, -e: gleiche Bedeutung

</td></tr>
</table>

Abb. 23: „Militat omnis amans", barockes Sinnbild aus Spanien

<table>
<tr><td>

5 Quos[6] petiere[7] duces animos in milite forti,
    hos petit in socio[8] bella puella viro.
Pervigilant[9] ambo[10]; terra[11] requiescit uterque –
    ille fores[12] dominae servat, at ille ducis.
Militis officium longa est via[13]; mitte puellam,
10   strenuus[14] exempto[15] fine sequetur amans.
Ibit in adversos montes duplicataque[16] nimbo[17]
    flumina, congestas[18] exteret[19] ille nives. […]
Quis nisi vel miles vel amans et frigora noctis
    et denso mixtas perferet imbre[20] nives?
15 Mittitur infestos[21] alter speculator[22] in hostes;
    in rivale oculos alter, ut hoste, tenet.
Ille graves urbes, hic durae limen[23] amicae
    obsidet; hic portas frangit, at ille fores[12].
Saepe soporatos[24] invadere profuit[25] hostes
20   caedere[26] et armata vulgus inerme[27] manu. […]
Saepe maritorum somnis utuntur amantes,
    et sua sopitis[28] hostibus arma movent.
Custodum transire manus[29] vigilumque[30] catervas[31]
    militis et miseri semper amantis opus[32].
25 Mars dubius[33] nec certa Venus; victique resurgunt,
    quosque[34] neges umquam posse iacere, cadunt.
Ergo desidiam[35] quicumque vocabat amorem,
    desinat! Ingenii est experientis[36] amor. […]
Mars quoque depensus[37] fabrilia[38] vincula sensit:
30   notior in caelo fabula nulla fuit.
Ipse ego segnis[39] eram discinctaque[40] in otia natus;
    mollierant[41] animos lectus et umbra meos.
Inpulit ignavum[42] formosae cura[43] puellae
    iussit[44] et in castris aera merere[45] suis.
35 Inde vides[46] agilem[47] nocturnaque bella gerentem.
    Qui nolet fieri desidiosus[48], amet!

</td><td>

5 **6 quos … forti:** *hos animos, quos …* **7 petiere** = *petiverunt*, gnomisches perf., dt.: praes. **8 socius vir:** Partner, Geliebter **9 pervigilo** 1: die Nacht durchwachen **10 ambo:** i. e. *miles* und *amans* **11 terra** = *in terra* **12 foris, -is f.:** Tor **13 via, -ae:** h. (militärischer) Marsch
10 **14 strenuus** 3: entschlossen (h. prädikativ, dt.: adv.) **15 exempto fine:** ohne Ende, überall hin **16 duplico** 1: vergrößern; PPP: angeschwollen **17 nimbus, -i:** Regen(guss) **18 congero** 3, -gessi, -gestum: auftürmen **19 extero** 3: niedertreten **20 imber, -bris m.:** Regen(guss)
15 **21 infestus** 3: gefährlich **22 speculator, -oris m.:** Späher (h. prädikativ) **23 limen, -inis n.:** Schwelle; Haus **24 soporatus** 3: schlummernd, schlafend **25 profuit:** gnom. perf., dt.: praes.
20 **26 caedere et** = *et caedere* **27 inermis, -e:** unbewaffnet **28 sopitus** 3: eingeschlafen, schlafend **29 manus, -us f.:** h. Schar **30 vigil, -is m.:** Wache **31 caterva, -ae:** Trupp **32 opus** (= *officium*): sc. *est*
25 **33 dubius:** sc. *est* **34 quosque** = *et ii, quos* (Acl im Rel.-Satz) **35 desidia, -ae:** Trägheit **36 experiens, -ntis:** unternehmungslustig; zu *ingenii* (gen. poss.): „ist Sache eines…" **37 deprendo** 3, -di, -sum: ertappen, erwischen **38 fabrilis, -e:** des Handwerkers (➤ K)
30 **39 segnis, -e:** träge **40 discinctus** 3: locker, leger **41 mollio** 4: weich machen, verweichlichen **42 ignavus** 3: faul, träge; **ignavum:** sc. *me* **43 cura, -ae** = *amor* (auch personifiziert zu verstehen, daher *in castris suis*) **44 iussit et** = *et iussit* **45 aera merere:** Sold verdienen (= militare)
35 **46 vides:** sc. *me* **47 agilis, -e:** rührig, geschäftig **48 desidiosus** 3: untätig, träge

</td></tr>
</table>

33 Kommentar

Ovid,
Amores I 9 (gek.)

1 Cupído: anderer Name für den Gott Amor / Eros

2 Attice: Atticus, ein Freund Ovids, dem dieses Gedicht gewidmet ist

8 dominae: „Geliebte", Standardbegriff der erotischen Dichtung, ebenso wie *amica* in V. 17 (➤ Einleitung, S. 61)

18 obsidet: beliebter Topos der erotischen Literatur (➤ Einleitung, S. 61): Der Liebhaber wartet bei Nacht und Nebel vor dem Haus der Geliebten – entweder bis sie ihn endlich erhört oder, wenn sie verheiratet ist, bis ihr Mann, der Nebenbuhler (*rivalis* ➤ V. 16), das Haus verlässt oder aber schläft (➤ *soporatos,* V. 19 und *sopitis,* V. 22).

29 Mars: Den Mythos vom Kriegsgott Ares, der vom Schmiedegott Hephaistos / Vulcanus (daher: *fabrilia vincula*) beim Ehebruch mit Aphrodite, der Gattin des Hephaistos, *in flagranti* ertappt und in kunstvolle Fesseln gelegt wird, erzählt bereits Homer in der Odyssee; die Episode war in der Antike allgemein bekannt und beliebt; auch in der Neuzeit wurde sie (vor allem in der bildenden Kunst) vielfach rezipiert (➤ Abb. 24, S. 64, und ET 8, S. 64 f.!).

32 lectus et umbra: Gemeint ist wohl ein Sofa, auf dem der Dichter im Schatten seine Verse zu schreiben pflegte.

33 cura: Die Verwendung dieses Wortes anstelle von *amor* ist ebenfalls ein Topos der erotischen Literatur; es wird angedeutet, wie sehr der Verliebte stets leiden muss (siehe auch *miser* ➤ V. 24 und *dura amica* ➤ V. 17).

33 Vertiefung

1 Untersuche den in dieser Elegie verwendeten militärischen Wortschatz: Welche Begriffe sind wegen ihrer Doppeldeutigkeit auch als Metaphern für das Liebesleben verwendbar?

2 Welche Schlussfolgerung, formuliert als Aufforderung, zieht Ovid aus der Ähnlichkeit von *militare* und *amare*?

3 Die Heiratspolitik der Habsburger wurde mit folgendem Distichon zusammengefasst (oft wird auch nur der erste Vers zitiert, der weithin bekannt ist):

<blockquote>Bella gerant alii, tu, felix Austria, nube;
    nam quae Mars aliis, dat tibi regna Venus.</blockquote>

a Übersetze den Spruch.

b In welchem Verhältnis stehen Mars und Venus hier zueinander?

c Recherchiere im Internet, was über den Ursprung dieses Distichons bekannt ist: Aus welcher Zeit stammt es? Wer wird als Autor genannt?

d Der erste Vers variiert eine antike Stelle. Auch diese Quelle lässt sich im Internet finden. Wer ist der antike Autor, wie heißt das Werk?

4 Kennst du einen modernen Spruch (aus dem 20. Jh.), in dem es ebenfalls um Liebe und Krieg geht?

5 Vieles in dieser Elegie mag für moderne Leserinnen und Leser, die mit Krieg nichts zu tun haben (wollen), weit hergeholt erscheinen. Der konkrete Vergleich zwischen Mars und Venus (➤ V. 25 f.) aber ist wohl auch heute noch gültig. Kannst du erklären, was damit gemeint ist?

6 ➤ ET 8: Lies den Ergänzungstext, in dem die in V. 29 f. erwähnte Episode ausführlich geschildert wird, und vergleiche sie mit dem Bild von Maerten van Heemskerck (➤ Abb. 24):

a Welche Götter kannst du anhand ihrer Attribute erkennen?

b Bei welchem Detail hält sich der Maler nicht an Homers Schilderung?

c Welcher Moment der Erzählung wird hier dargestellt?

Abb. 24: Maerten van Heemskerck, Vulkan zeigt Mars und Venus im Netz den Göttern, Gemälde (um 1540), Wien, Kunsthistorisches Museum

ext

Homer,
Odyssee 8, 286–343 (gek.),
übers. v. Wolfgang Schadewaldt (Frankfurt: Artemis-Verlag 1958)

Ares und Aphrodite

Der griechische Dichter Homer (8. Jh. v. Chr.) beschreibt in der Odyssee, wie Hephaistos / Vulcanus ein kunstvolles Netz aus Metall schmiedet, in dem seine Frau, Aphrodite / Venus, und deren Geliebter, Ares / Mars, während des Liebesaktes gefangen und im Anschluss daran vor den anderen Göttern bloßgestellt werden:

1 Als Ares gesehen, wie Hephaistos, der kunstberühmte, weggegangen, schritt er hin und ging zum Haus des rings berühmten Hephaistos, nach der Liebe der wohlbekränzten Aphrodite verlangend. Fest umschloss er ihre Hand und sagte: „Komm, Liebe, zu Bett! Wir wollen uns legen und uns erfreuen!" So sprach er, und ihr schien willkommen, dass sie sich legten. Und sie stiegen bei-
5 de auf das Lager und schliefen ein. Und rings um sie ergossen sich die künstlichen Bande des vielverständigen Hephaistos, und da war keines von den Gliedern zu bewegen, noch auch zu erheben. Da erkannten sie, dass kein Entrinnen mehr war. Da kam zu ihnen heran Hephaistos, ein wilder Zorn ergriff ihn, und er schrie gewaltig und rief zu allen Göttern: „Zeus Vater und ihr anderen seligen Götter, ihr Immerseienden! Hierher! Dass ihr Dinge seht zum Lachen und nicht
10 auszustehen: wie mich, den Lahmen, des Zeus Tochter Aphrodite immer entehrt und liebt den widerwärtigen Ares, weil der schön ist und gerade Füße hat, ich aber bin an den Füßen schwach geboren. So seht doch, wie die beiden in Liebe miteinander im Schlafe liegen, in mein Bett gestiegen!" So sprach er. Da versammelten sich die Götter bei dem erzschwelligen Hause. Es kam Poseidon, der Erdbeweger, es kam der gedeihengebende Hermes, es kam der fernwirkende Herr
15 Apollon. Doch blieben die weiblichen Göttinnen voll Scham zu Hause eine jede. Und ein un-

auslöschliches Gelächter erhob sich von den seligen Göttern, als sie die Künste des vielverständigen Hephaistos sahen. Zu Hermes aber sagte der Gebieter, der Sohn des Zeus, Apollon: „Hermes, Zeus-Sohn, Geleiter, Geber des Guten! Wolltest du wohl, gezwängt in starke Bande, schlafen im Bette bei der goldenen Aphrodite?" Da entgegnete ihm Hermes, der Geleiter, der Argos-
töter: „Wenn dieses doch geschehen möchte, Herr, fernhintreffender Apollon! Da möchten Bande dreimal so viel, unendliche, um mich her sein und ihr zuschauen, Götter und Göttinnen alle:
gleichviel, ich schliefe bei der goldenen Aphrodite!" So sprach er, und es erhob sich ein Gelächter unter den unsterblichen Göttern.

OVIDS „ARS AMATORIA"

Literaturgattung und Tradition

In der antiken Literatur, sowohl der griechischen als
auch der lateinischen, gab es eine Gattung, deren
Existenz heute ein wenig seltsam anmutet: das Lehrgedicht. Im Lehrgedicht wird der Versuch unternom-
men, den Leser über oft relativ trockene und techni-
sche Themen zu informieren und gleichzeitig auch zu
unterhalten. Diese Tradition beginnt schon ganz am
Anfang der abendländischen Literaturgeschichte:
Der griechische Dichter **Hesiod**, der um 700 v. Chr.
lebte und wirkte, schrieb unter anderem ein Gedicht
mit dem Titel „Werke und Tage", in dem er in etwa
800 Hexametern Hinweise und Tipps für den Arbeits-
alltag der Bauern gab. (Am ehesten könnte man auch
in der Neuzeit einen Bauernkalender mit der Literaturgattung des Lehrgedichts vergleichen. Freilich ist
auch dieses vor allem im 19. und frühen 20. Jh. sehr
populäre Produkt heute praktisch nicht mehr exis-
tent.) In Rom ist es kein geringerer als der römische

Abb. 25: Ovid erklärt die Liebeskunst, Miniatur
(15. Jh.), Norfolk, Holkham Hall

Nationaldichter **Vergil**, der, bevor er seine berühmt gewordene „Aeneis" schuf, ein Lehrgedicht mit
dem griechischen Titel „Georgica" (etwa: „Der Landbau") schrieb. Neben ihm ist vor allem **Lukrez**
mit seinem philosophischen Lehrwerk „De rerum natura" zu erwähnen.

Der augusteische Dichter **Ovid** (➤ Autoren – Texte – Begriffe, S. 110) steht mit seiner „Ars amatoria"
(Liebeskunst) einerseits in dieser Tradition, andererseits setzt er sich eben durch die Wahl seines
Themas ironisch von ihr ab. Indem er eben kein ernstes Thema wählt, sondern die Frage, wie man
ein guter Liebhaber wird, ganz nach der überlieferten Konvention „technisch" behandelt, zeigt er,
dass er als Dichter diese Tradition zwar gleichsam „im kleinen Finger" hat; im selben Atemzug
macht er sich aber auch ein wenig über sie lustig: Die „Ars amatoria" ist somit gleichzeitig Lehrgedicht und Parodie des Lehrgedichts. Die üblichen Formen werden genau beachtet: Ovid kündigt
einen durchdachten didaktischen Aufbau an, verwendet mythologische und historische Exkurse,
um durch Beispiele die Gültigkeit seiner Regeln zu beweisen; sogar umfangreiche Vergleiche, wie sie
aus dem klassischen Epos Homers bekannt sind, werden mustergültig ausgeführt. Aber da das Werk
darauf abzielt zu beschreiben, wie man jeweils beim anderen Geschlecht möglichst erfolgreich sein
kann, werden all diese perfekt beherrschten Stilmittel gleichzeitig ins Lächerliche gezogen.

Inhalt

Die „Ars amatoria" besteht aus drei Büchern (insgesamt über 2300 Verse) und erschien erstmals um die Zeitenwende. Die ersten beiden Bücher richten sich an junge Männer: Im Wesentlichen geht es im 1. Buch darum, wo und wie man Mädchen / Frauen nach seinem Geschmack finden kann und wie man sie erobert; im 2. Buch gibt es Ratschläge, wie man eine einmal begonnene Liebesbeziehung möglichst lang aufrecht halten kann. Das 3. Buch richtet sich an Mädchen / Frauen und erklärt ihnen, wie man Männer erobern bzw. sich ihre Liebe erhalten kann.

Wirkung

Das Werk war, wie unschwer zu vermuten, vom Moment seiner Veröffentlichung an ein absoluter Bestseller. Schon das Thema, behandelt noch dazu vom witzigsten und originellsten Dichter der damaligen Zeit, war ein Garant für weit reichende Verbreitung. Weniger begeistert zeigte sich die Obrigkeit: Kaiser Augustus, der durch seine strengen Sittengesetze versuchte, im moralisch zügellos gewordenen Rom dem *mos maiorum* wieder mehr Bedeutung zu verschaffen, zeigte sich alles andere als erfreut. Ovid, der schon durch seine einige Jahre früher veröffentlichten „Amores" (➤ T10, S. 18 f. und T33, S. 61 f.) „unangenehm aufgefallen" war, stand nach der Veröffentlichung der „Ars" erst recht auf der „schwarzen Liste". Tatsächlich wurde der Dichter dann im Jahr 8 n. Chr. ins weit entfernte Tomi (am Schwarzen Meer) verbannt, wobei allerdings bis heute in der Forschung umstritten ist, ob tatsächlich die „Ars" der ausschlaggebende Grund für diese Verbannung war. Ovid selbst erwähnt in seinen Briefen aus dem Exil *carmen et error* als Motiv für die Verbannung; mit *carmen* ist vermutlich die „Ars" gemeint. Was Ovids *error* war, ist nach wie vor ungeklärt.

Auch in Spätantike und Mittelalter setzte sich diese geteilte Aufnahme fort: Beim (vor allem gebildeten) Publikum erfreute sich das Werk stets ungebrochener Beliebtheit; für die Kirche hingegen war die „Ars" mit ihrer explizit positiven Einstellung zur (noch dazu außerehelichen!) Sexualität das schlimmste von Ovids ohnehin zahlreichen „gottlosen" Werken.

In der Schule gehörte die „Ars amatoria" die längste Zeit (aus wohl begreiflichen Gründen) nicht zum Kanon der antiken Werke, die gelesen wurden. Im 21. Jh., in dem Erotik (und mehr) für jeden Internet-User per Mausklick verfügbar ist, darf Ovids subtiler Erfolgstext über die Liebe zwischen Mann und Frau nun auch in Schulen „offiziell" gelesen werden.

34 text

Ovid,
Ars amatoria I 1–4; 35–38

Thema des „Lehrbuchs" –
Aufgaben des „Schülers"

1 Si quis in hoc artem populo non novit amandi,
    hoc legat et lecto carmine doctus amet[1]!
Arte citae[2] velоque[3] rates[4] remoque[5] moventur,
    arte leves currus[6], arte regendus[7] amor. [...]
5 Principio, quod amare velis, reperire labora[8],
    qui nova nunc primum miles[9] in arma venis!
Proximus huic[10] labor est placitam[11] exorare[12]
                                        puellam;
    tertius, ut longo tempore duret amor.

1 **legat, amet:** coni. opt. 2 **citus** 3: schnell 3 **velum, -i:** Segel 4 **ratis, -is** f.: Schiff 5 **remus, -i:** Ruder; **veloque ... remoque** = *velo remoque* 6 **currus, -us:** Wagen 7 **regendus:** sc. est

5 8 **laboro** 1: h. sich bemühen 9 **miles:** prädikativ 10 **huic** (sc. *labori*): „nach dieser (Aufgabe)" 11 **placitam** = *quae tibi placet* 12 **exoro** 1: erweichen, durch Bitten bewegen

Latein in unserer Zeit • Amor vincit omnia

34 Kommentar

1 in hoc populo: Gemeint ist das römische Volk, besonders die Bürger der Stadt Rom als Zielpublikum des Werks.

5–8 principio ... proximus ... tertius: Ganz im Stil eines Lehrbuches führt Ovid quasi die einzelnen „Lektionen" an, die der „Schüler" durchnehmen muss.

6 miles arma: Die Metapher des Liebenden als Soldat ist ein beliebter Topos (= Gemeinplatz) in der lateinischen Liebesdichtung (➤ dazu T 33, S. 61 f.).

34 Vertiefung

1 Ovids Lehrgedicht *„Ars amatoria"* ist auch unter dem Titel *„Ars amandi"* bekannt. Warum wohl? (Beachte, dass antike Werke in den Handschriften oft überhaupt ohne Überschrift überliefert sind.)

Abb. 26: Correggio: Venus, Merkur und Amor – Die Schule der Liebe, *Gemälde (um 1494), London, National Gallery*

2 Welches Wort in dieser Passage könnte man dem Autor als sexistisch, diskriminierend und abfällig gegenüber dem weiblichen Geschlecht (!) vorwerfen?

3 Welche drei *labores* werden genannt?

35 Text

„Auf der Jagd"

```
 1  Dum licet et loris¹ passim² potes ire solutis,
        elige³, cui dicas⁴:)„Tu mihi sola places."
    Haec tibi non tenues veniet delapsa⁵ per auras⁶:
        quaerenda est oculis apta puella tuis.
 5  Scit bene venator, cervis⁷ ubi retia⁸ tendat⁹,
        scit bene, qua¹⁰ frendens¹¹ valle moretur aper¹²;
    aucupibus¹³ noti¹⁴ frutices¹⁵ qui sustinet¹⁶ hamos,
        novit, quae multo pisce¹⁷ natentur¹⁸ aquae.
    Tu quoque, materiam¹⁹ longo qui quaeris amori²⁰,
10      ante²¹ frequens²² quo sit disce puella loco.
```

1 1 lorum, -i: Zügel **2 passim**: überall **3 elige**: sc. *puellam* **4 dicas**: konsek. coni. im Rel.-Satz **5 delabor** 3, delapsus sum: herabgleiten **6 aura, -ae**: Luft

5 7 cerva, -ae: Hirschkuh **8 rete, -is** n.: Netz **9 tendo** 3: aufspannen **10 qua ... valle** = *in qua valle* **11 frendo** 3: knirschen, die Zähne fletschen **12 aper**, apri: wilder Eber **13 auceps**, aucupis m.: Vogelfänger **14 noti**: sc. *sunt* **15 frutex, -icis** m.: Busch **16 sustinere hamos**: die Angel auswerfen **17 multo pisce** = *multis piscibus* **18 nato** 1: h. durchschwimmen **19 materia, -ae**: Material **20 longo ... amori** „für ..."

10 21 ante ... loco: Reihung: *ante (= antea) disce, quo loco puella frequens sit* **22 frequens, -ntis**: zahlreich; im Dt. adv.: „oft"

1   Was genau könnte mit den Ausdrücken *dum licet* und *loris solutis* gemeint sein? Wer ist somit konkret als Zielpublikum des Werks definiert?

2   Welche Rollenverteilung zwischen den Geschlechtern wird durch die Verse 3 f. ganz eindeutig festgelegt? Was hat sich in dieser Hinsicht seither geändert, was ist gleich geblieben?

3   Zur ausführlichen Jagdmetapher: Kennst du im Deutschen Ausdrücke, die sich der gleichen Metapher im Zusammenhang mit Liebesabenteuern bedienen?

4   Auch in dieser Passage findet sich ein sehr abfälliger Ausdruck über das weibliche Geschlecht, mit dem Ovid sich als „Macho" outet. Welcher?

Abb. 27: Cupído jagt einen Hasen, pompejanische Wandmalerei (1. Jh. n. Chr.), Neapel, Archäologisches Museum

36 **t**ext

Ovid,
Ars amatoria I 55 f.; 59 f.

„Bella Roma"

Tot tibi tamque dabit formosas Roma puellas,
  „Haec habet," ut dicas, „quicquid in orbe fuit."
[...]
Quot caelum stellas, tot habet tua Roma puellas,
  mater in Aeneae constitit[1] urbe sui[2].

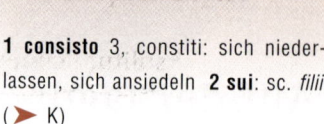

1 consisto 3, constiti: sich niederlassen, sich ansiedeln **2 sui**: sc. *filii*
(➤ K)

36 **k**ommentar

Ovid,
Ars amatoria I 55 f.; 59 f.

mater Aeneae: Venus / Aphrodite, die Göttin der Liebe und der Schönheit

in urbe (filii) sui: Der Trojaner Aeneas flüchtete, einer mythologischen Überlieferung zufolge, aus dem brennenden Troja, weil er von den Göttern den Auftrag erhalten hatte, im fernen Westen „ein neues Troja" aufzubauen. Sein Sohn Ascanius gründete dann die Stadt Alba Longa, aus der später Romulus und Remus hervorgingen; daher galt Aeneas den Römern (vor allem der augusteischen Zeit) als mythischer Stammvater.

Abb. 28: Schöne Römerinnen, pompejanische Wandmalerei (1. Jh. n. Chr.), Neapel, Archäologisches Museum

36 Vertiefung

1 Was genau ist mit *quicquid in orbe fuit* (➤ V. 2) gemeint? Welche ausführliche Aufzählung erspart sich der Autor damit?

2 Analysiere den Vergleich in V. 3 und verwende dabei die einschlägigen Fachausdrücke (➤ Kleine Stilkunde, S. 118).

   a Bestimme *comparandum, comparatum* und *tertium comparationis*.

   b In diesem Fall könnte man sogar sagen, es gibt nicht nur ein *tertium comparationis*, sondern gleich zwei: Eines wird ausgesprochen, ein weiteres steckt implizit in dem Vergleich. Kannst du beide nennen?

3 Mit V. 4 deutet Ovid an, dass es gleichsam „logisch" ist, dass es in Rom besonders viele schöne Mädchen gibt. Erkläre diese Logik durch Genealogie.

37 Text

Ovid,
Ars amatoria I 89–100

Das Theater als idealer „Aufriss-Ort"

1 Sed tu praecipue¹ curvis venare² theatris:
   haec loca sunt voto³ fertiliora⁴ tuo.
Illic invenies, quod ames⁵, quod ludere⁶ possis⁵,
   quodque⁷ semel tangas, quodque⁷ tenere velis.
5 Ut redit itque⁸ frequens⁹ longum formica¹⁰ per agmen¹¹,
   granifero¹² solitum cum vehit ore cibum,
aut ut apes¹³ saltusque¹⁴ suos et olentia¹⁵ nactae¹⁶
   pascua¹⁷ per flores et thyma¹⁸ summa volant,
sic ruit¹⁹ ad celebres²⁰ cultissima²¹ femina ludos:
10   copia iudicium saepe morata²² meum est.
Spectatum²³ veniunt, veniunt spectentur ut ipsae:
   ille locus casti²⁴ damna²⁵ pudoris habet.

1 **1 praecipue**: vor allem **2 venare**: imp. des Deponens! **3 votum, -i**: Wunsch **4 fertilis, -e**: fruchtbar, ergiebig **5 ames, possis**: konsek. coni. im Rel.-Satz **6 ludere** (h. transitiv): spielen mit, flirten mit **7 quodque** = *et quod*

5 **8 redit itque** = *it reditque* **9 frequens, -ntis**: zahlreich **10 formica, -ae**: Ameise (h. kollektiver Singular) **11 longum per agmen**: in langer Schlange **12 granifer** 3: körnertragend **13 apis, -is** f.: Biene **14 saltus, -us**: Waldtal; **que ... et** = *et ... et* **15 oleo** 2: duften **16 nanciscor** 3, nactus sum: erreichen **17 pascuum, -i**: Weideland **18 thymum, -i**: Thymian; **thyma summa** = die oberen Teile = Blüten des Th. **19 ruo** 3: stürzen, hineilen **20 celeber, -bris, -bre**: gut besucht **21 cultus** 3: herausgeputzt; **cultissima femina**: kollektiver sg. (vgl. *formica* ➤ V. 5)

10 22 moror 1 (h. transitiv): aufhalten, behindern **23 spectatum** (Supinum auf -um) = „um zu ..." **24 castus** 3: keusch **25 damna habere** (+ gen.): schädlich sein für (**damnum, -i**: Schaden)

Abb. 29: Salzburger Festspiele, Premierenfeier zu „Jedermann"

5–9 ut … aut ut … sic …: Der ausführliche Vergleich, vor allem mit Ereignissen und Szenen aus der Natur, ist ein im Heldenepos beliebtes Stilmittel; der Grieche Homer ist berühmt dafür, der Römer Vergil ahmt ihn nach. Wenn Ovid gerade an dieser Stelle, im Zusammenhang mit Tipps fürs „Aufreißen", einen derartigen Vergleich einsetzt, ist das natürlich als Parodie auf das „hehre Epos" zu sehen.

37 **V**ertiefung

1 Ein Satz aus dieser Stelle ist als Einzelvers eine viel zitierte Sentenz geworden.

   a Welcher?

   b Was ist stilistisch an diesem Vers zu beobachten?

   c Hat der Satz deiner Ansicht nach auch heute noch Gültigkeit?

2 Mit welchem Halbsatz deutet Ovid an, was man heute als „One-Night-Stand" bezeichnen würde?

3 Ein einziges kleines „Problem" erwähnt Ovid, was das Kennenlernen von Frauen im Theater betrifft. Welches?

38 **t**ext

Tipps und Tricks für den Besuch im Circus

1 Nec te nobilium fugiat[1] certamen equorum;
   multa capax[2] populi commoda[3] Circus habet.
Nil[4] opus[5] est digitis, per quos arcana[6] loquaris,
   nec tibi per nutus[7] accipienda nota[8] est:
5 proximus[9] a domina nullo prohibente sedeto[10],
   iunge tuum lateri[11], qua[12] potes, usque latus.
Et bene[13], quod[14] cogit, si nolit, linea[15] iungi[16],
   quod tibi tangenda est lege[17] puella loci. […]
Utque fit, in gremium[18] pulvis[19] si forte[20] puellae
10   deciderit, digitis excutiendus[21] erit;
etsi nullus erit pulvis, tamen excute nullum! […]

1 **1 fugio** 3M: h. entgehen **2 capax populi:** viele Menschen fassend, geräumig **3 commodum, -i:** Vorteil **4 nil** *(= nihil):* h. überhaupt nicht **5 opus est** (+ abl.): man braucht **6 arcanum, -i:** Geheimnis **7 nutus, -us:** Kopfnicken, Wink **8 nota, -ae:** Zeichen

5 **9 proximus** 3: ganz nahe (im Dt. adv.) **10 sedeto** = *sede* **11 latus, lateris** n.: h. Schenkel; **lateri:** sc. *eius* **12 qua:** so weit **13 bene** (sc. *est*) **quod:** es ist gut, dass … **14 quod … iungi:** Reihung: *quod linea* (sc. *omnes*) *cogit iungi, si* (= etsi) *nolit* (puella) **15 linea, -ae:** Barriere (zw. den Sitzreihen) **16 iungi** (refl.): sich zusammendrängen **17 lex, legis** f.: h. Regel, Bedingung; verbinde: *lege loci* **18 gremium, -i:** Schoß **19 pulvis, -eris** m.: Staub **20 forte:** zufällig

10 **21 excutio** 3M: herausschlagen; abputzen; **excutiendus:** sc. *tibi* (dat. auct.)

Abb. 30: Blinder Amor auf Wagen, gezogen von gezähmten Löwen, Emblembild (1531)

1 f. Wie auch das heute noch übliche Wort *Panem et circenses* andeutet, war der Besuch im *Circus* mit Abstand das beliebteste Freizeitvergnügen der Römer; die Pferderennen zogen gewaltige Menschenmengen an.

2 capax: Der *Circus Maximus* fasste zu Ovids Zeit etwa 60.000 Zuschauer.

3 f. Die verstohlene Kommunikation zwischen Liebenden mit Hilfe von Geheimzeichen (z. B. wenn der Ehemann oder ein anderer Nebenbuhler anwesend ist) ist ein häufiger Topos in der antiken Liebesdichtung. Deswegen erwähnt Ovid, dass derlei im *Circus* nicht notwendig sei, weil man als Teil der riesigen Menschenmasse mit anderen Mitteln kommunizieren kann.

ertiefung

1 Welche Vorteile bietet der *Circus* gegenüber dem Theater?

2 Welche Art von „Events" könntest du heute mit dem antiken *Circus*-Besuch vergleichen?

3 Wie drückt Ovid in V. 8 auch sprachlich aus,

Abb. 31: Wagenrennen, Szenenfoto aus dem Antikfilm „Ben Hur" (Metro Goldwyn Meyer, 1959)

dass das Mädchen durch die Enge des Ortes gleichsam „gefangen" ist und dem Liebhaber daher nicht entkommen kann? (Beachte die Wortstellung!)

4 Kannst du dir vorstellen, wie eine heutige *puella* reagieren würde, wenn ihr Begleiter den in den Versen 9–11 empfohlenen Ratschlag befolgte?

39_{ext}

Ovid,
Ars amatoria I 229 f.; 237–252

Vor- und Nachteile nächtlicher Partys

Dant etiam positis¹ aditum² convivia³ mensis:
  est aliquid praeter vina, quod inde petas.
[...]
Vina parant animos faciuntque caloribus⁴ aptos⁵:
5   cura fugit multo diluiturque⁶ mero⁷.
Tunc veniunt risus⁸, tum pauper cornua⁹ sumit,
  tum dolor et curae rugaque¹⁰ frontis¹¹ abit.

1 **1 pono** 3: h. = *appono*: anrichten, decken **2 aditus**, -us: Zugang; Möglichkeit **3 convivium**, -i: Gelage, Gastmahl **4 calor**, -is m.: Hitze; Leidenschaft **5 aptus** 3 (+ dat.): geeignet für; **aptos**: sc. *animos*

5 **6 diluo** 3: wegspülen **7 merum**, -i: (reiner) Wein **8 risus**, -us: Lachen, Gelächter **9 cornua sumere**: Mut fassen **10 ruga**, -ae: Falte, Runzel **11 frons**, -ntis f.: Stirn

Tunc aperit mentes aevo[12] rarissima nostro
    simplicitas[13], artes[14] excutiente[15] deo.
10 Illic saepe animos iuvenum rapuere puellae
    et Venus in vinis ignis in igne fuit.
Hic tu fallaci[16] nimium[17] ne crede lucernae[18]:
    iudicio formae noxque[19] merumque[7] nocent.
Luce[20] deas caeloque Paris spectavit aperto[20],
15   cum dixit Veneri: „Vincis utramque, Venus.“
Nocte latent mendae[21] vitioque[22] ignoscitur[23] omni
    horaque formosam quamlibet[24] illa facit.
Consule de gemmis[25], de tincta[26] murice[27] lana[28],
    consule de facie corporibusque diem.

12 aevum, -i: Zeit(alter) **13 simplicitas, -atis f.**: Einfachheit, Offenheit **14 ars, artis f.**: h. Künstlichkeit, Verstellung **15 excutio 3M**: vertreiben
10 16 fallax, -acis: trügerisch, täuschend **17 nimium**: allzu sehr **18 lucerna, -ae**: (Licht der) Öllampe **19 -que … -que** = et … et **20 luce caeloque aperto**: bei Tageslicht
15 21 menda, -ae: Fehler, Makel **22 vitium, -i**: Fehler, Gebrechen **23 ignosco 3**: verzeihen **24 quilibet, quaelibet, quodlibet**: jeder beliebige; **quamlibet**: sc. *feminam* **25 gemma, -ae**: Edelstein **26 tinctus 3**: gefärbt **27 murex, -icis m.**: Purpur(farbe) **28 lana, -ae**: Wolle

**ommentar**

Ovid,
Ars amatoria I 229 f.; 237–252

1 convivia: der lateinische Begriff für das griech. *symposion*, das wörtlich „gemeinsames Trinken" bedeutet

5 mero: Normalerweise trank man in der Antike Wein, der mit Wasser vermischt war; im Gegensatz dazu ist hier von unvermischtem Wein die Rede.

14 f. Luce … Venus: Als Beweis für die Gültigkeit seiner Warnung führt der Dichter ein allgemein bekanntes Beispiel aus der Mythologie an: Auch das Parisurteil fand bei Tageslicht statt, nicht beim Schein von Öllampen!

39Vertiefung

1 Worin bestehen nun die Vorteile von Trinkgelagen?

2 Worauf ist andererseits zu achten?

3 Welches Distichon drückt das gleiche wie das bekannte Sprichwort *„In vino veritas"* aus?

4 Welcher Gott ist wohl mit *deo* (➤ V. 8) gemeint?

Abb. 32: Abraham Janssens, Sine Cerere et Baccho friget Venus, Gemälde (beg. 17. Jh.), Sibiu / Rumänien, Brukenthal Museum

5 **a** Mit welcher Wendung werden Liebe und Wein einander fast schon gleichgesetzt?

   b Kennst du eine Redewendung im Deutschen, die Liebe und Alkoholgenuss nebeneinander stellt?

6 Das 1. Buch der „*Ars amatoria*", dem diese Passage entnommen ist, hat eigentlich nur Männer als Zielpublikum. Müsste man an der Stelle etwas ändern, damit sie ebenso an Frauen gerichtet sein könnte?

7 Worin besteht das *tertium comparationis* bei dem in den letzten beiden Versen angedeuteten Vergleich?

ext

Ovid,
Ars amatoria I 269–276; 343–345

Alle sind zu haben!

₁ Prima¹ tuae menti veniat fiducia² cunctas
  posse capi; capies³, tu modo⁴ tende⁵ plagas⁶!
Vere⁷ prius⁸ volucres⁹ taceant¹⁰, aestate cicadae,
  Maenalius¹¹ lepori¹² det sua terga¹³ canis,
₅ femina quam iuveni blande temptata¹⁴ repugnet¹⁵:
  haec quoque, quam¹⁶ poteris credere nolle,
                                                                       volet.
Utque viro furtiva¹⁷ venus, sic grata puellae:
  vir male dissimulat¹⁸ – tectius¹⁹ illa cupit.
[…]
₁₀ Ergo age²⁰, ne dubita²¹ cunctas sperare puellas;
  vix²² erit e multis, quae neget, una, tibi.
Quae dant²³ quaeque²⁴ negant, gaudent tamen
                                                       esse rogatae.

1 1 prima: zunächst (im Dt. adv.) **2 fiducia, -ae**: Zuversicht **3 capies**: sc. *eas* **4 modo**: nur **5 tendo** 3: aufspannen **6 plaga, -ae**: Netz **7 ver, -is** n.: Frühling **8 prius … quam**: eher … als **9 volucris, -is** f.: Vogel **10 taceant, dent**: coni. pot. **11 Maenalius** 3: arkadisch **12 lepus, -oris** m.: Hase **13 terga dare** (+ dat.): davonlaufen vor

5 14 tempto 1: in Versuchung führen, umwerben **15 repugno** 1: Widerstand leisten **16 quam … nolle**: AcI im Rel.-Satz, abh. von *credere* **17 furtivus** 3: heimlich; Reihung: *utque viro furtiva venus grata* (sc. *est*), *sic* (sc. *etiam*) *puellae* **18 dissimulo** 1: sich verstellen **19 tectus** 3: im Verborgenen, heimlich

10 20 age: wohlan, los **21 dubito** 1 (+ inf.): zögern; *ne dubita = ne dubitaveris* **22 vix … tibi**: Reihung: *e multis vix erit una, quae tibi neget* **23 do** 1: h. (ihre Gunst) gewähren, ja sagen **24 quaeque** = *et quae*

Abb. 33: Spielende Mädchen im Bikini, Fußbodenmosaik (3./4. Jh. n. Chr.), Piazza Armerina (Sizilien)

40 Kommentar

3 ff. Vere ... repugnet: Um seine Behauptung zu bekräftigen, verwendet Ovid hier mehrere *Adynata* (sg. *Adynaton*, griech. für „unmöglich"), also eine Aufzählung einiger absurder, undenkbarer Situationen, die aber alle immer noch wahrscheinlicher seien als das, was er als völlig unmöglich ansieht.

4 Maenalius canis: Arkadien, die zentrale Landschaft des Peloponnes, steht seit der antiken Literatur für das ideale Naturparadies; dazu gehört beispielsweise auch, dass Hasen von Hunden gejagt werden.

40 Vertiefung

1 Welches Bild wird in V. 2 verwendet? Woher kennst du es schon?

2 Was haben Mann und Frau laut Ovid gemeinsam, was unterscheidet sie?

3 Worauf gründet sich Ovids Zuversicht, *cunctas posse capi*?

41 Text

Wie man am besten zur Sache kommt

1 Et[1] lacrimae prosunt: lacrimis adamanta[2] movebis:
    fac[3] madidas[4] videat, si potes, illa genas[5].
Si lacrimae (neque enim veniunt in tempore[6] semper)
    deficient[7], uda[8] lumina[9] tange manu.
5 Quis[10] sapiens blandis non misceat oscula verbis?
    Illa[11] licet[12] non det, non data[13] sume tamen.
Pugnabit primo fortassis[14], et „improbe!"[15] dicet:
    pugnando[16] vinci se tamen illa volet.
Tantum[17] ne noceant teneris male rapta labellis[18]
10   neve queri possit dura[19] fuisse, cave!
Oscula[20] qui sumpsit, si non et[1] cetera sumet,
    haec quoque, quae data sunt, perdere dignus erit[20].

1 1 et = *etiam* **2 adamas**, -ntis m. (acc. -a, weil griech. Fremdwort): Stahl **3 fac ... genas**: Reihung: *Si potes, fac* (sc. *ut*) *illa genas* (sc. *tuas*) *madidas videat* **4 madidus** 3: feucht **5 gena**, -ae: Wange **6 in tempore**: im richtigen Moment **7 deficio** 3M: fehlen, mangeln **8 udus** 3: feucht; abl., zu *manu* **9 lumen**, -inis n.: h. Auge

5 10 quis = *qui* (adj. Interrog.-Pron.) **11 illa** = *puella* **12 licet** + coni.: wenn auch **13 data**: sc. *oscula* **14 fortassis**: vielleicht **15 improbus** 3: frech, unanständig, „schlimm" **16 pugnando** (konzessiv): „trotz ..." **17 tantum**: nur; Reihung: *Tantum cave, ne ... neve ...* **18 labellum**, -i (Deminutiv zu *labrum*): Lippe

10 19 dura: sc. *oscula* (AcI, abh. von *queri!*) **20 oscula ... erit**: Reihung: *Si (is), qui oscula sumpsit non et* (= *etiam*) *cetera sumet, dignus erit haec quoque perdere, quae data sunt.*

Abb. 34: Geflügelter Amor, Briefmarke aus Zypern

41 Vertiefung

1 Welche Mittel dienen also der Überredung?

2 Mit welchem Vers deutet Ovid an, dass er unter Umständen auch ein wenig Gewalt anwenden würde?

3 Mit welchem Vers warnt er andererseits vor allzu großer Grobheit?

4 Die feine Feder des Autors erkennt man an der Wortwahl. Mit welchem Wort wird der Geschlechtsverkehr nur ganz entfernt angedeutet?

42 text

Ovid,
Ars amatoria I 707–711

Wer soll die Initiative ergreifen?

₁ A! nimia est iuveni propriae fiducia¹ formae,
    exspectat² siquis, dum³ prior illa roget.
Vir prior accedat, vir verba precantia⁴ dicat:
    excipiat⁵ blandas comiter⁶ illa preces!
₅ Ut potiare⁷, roga: tantum⁸ cupit illa rogari.

> **1 1 fiducia**, -ae (+ gen.): Vertrauen auf **2 exspectat** …: Reihung: *siquis (= si quis) exspectat* **3 dum** + ind. od. coni.: bis **4 precor** 1: bitten, flehen **5 excipio** 3M = accipio **6 comis**, -e: freundlich
>
> **5 7 potior** 4: h. erobern; **potiare** = *potiaris* **8 tantum**: nur

42 Vertiefung

1 Wie legt der Autor die „Aufgabenverteilung" zwischen Mann und Frau beim Kennenlernen fest?

2 Hat sich in dieser Hinsicht seit der Antike etwas geändert, oder ist diese Rollenverteilung (fast) gleich geblieben?

43 text

Ars amatoria I 715–722

Defensivtaktik *aufgeh Hochmut*

₁ Si tamen a¹ precibus tumidos² accedere³ fastus⁴
    senseris, incepto⁵ parce⁶ referque pedem.
Quod⁷ refugit, multae cupiunt: odere⁸, quod
                           instat⁹;
    lenius instando taedia¹⁰ tolle tui¹¹.

> **1 1 a**: h. aufgrund von, durch **2 tumidus** 3: aufgeblasen **3 accedo** 3: sich einstellen, auftreten **4 fastus**, -us: Hochmut, Sprödigkeit (im Dt. sg.) **5 inceptum**, -i: Unternehmen, Absicht **6 parco** 3 (+ dat.): h. ablassen von **7 quod**: Rel.-Pron. **8 odere** = *oderunt* **9 insto** 1: bedrängen **10 taedium**, -i: Überdruss, Langeweile **11 tui**: „deiner Person"

5 Nec semper veneris[12] spes est profitenda[13]
                  roganti[14]:
    intret amicitiae nomine tectus amor.
Hoc aditu vidi tetricae[15] data[16] verba puellae:
    qui fuerat cultor[17], factus amator erat.

5 **12 veneris**: gen. obi zu *spes* **13 profiteor** 2: sich bekennen zu, deutlich aussprechen **14 roganti**: dat. auct. **15 tetricus** 3: streng, ablehnend **16 verba dare** (+ dat.): täuschen, „austricksen" **17 cultor**, -oris m.: Freund, Verehrer

43 Vertiefung

1   Für welchen Fall empfiehlt Ovid diese „Defensivtaktik"?

2   Wer ist mit *roganti* (➤ V. 5) gemeint?

3   Welche beiden Begriffe sind in V. 6 in Antithese zueinander gesetzt? Und durch welche beiden Wörter werden diese Begriffe dann in V. 8 wieder aufgenommen?

4   Mit welchem Adjektiv will der Dichter unterstreichen, dass diese Methode überaus wirksam ist (also auch bei besonders „schwierigen Fällen")?

44 Text

Ovid,
Ars amatoria II 613–624

Achte ihr Schamgefühl!

1 Ipsa Venus pubem[1], quotiens[2] velamina[3] ponit[4],
    protegitur laeva[5] semireducta[6] manu.
In medio[7] passimque[8] coit[9] pecus: hoc quoque
                            viso
    avertit vultus nempe[10] puella suos.
5 Conveniunt[11] thalami furtis[12] et ianua nostris
    parsque sub iniecta veste[13] pudenda[14] latet[15]:
Et si[16] non tenebras, at quiddam[17] nubis opacae
    quaerimus atque aliquid luce patente[18]
                            minus.
Tum quoque, cum solem nondum prohibebat[19]
                          et imbrem[20]
10 tegula[21], sed quercus[22] tecta cibumque dabat,
in nemore[23] atque antris[24], non sub Iove[25],
                        iuncta[26] voluptas:
tanta rudi[27] populo cura pudoris erat.

1 **1 pubes**, -is f.: Scham(gegend), Schambereich; obj. zu *protegitur* („bedeckt sich") **2 quotiens**: sooft **3 velamen**, -inis n.: Schleier, Gewand **4 pono** 3 = *depono* **5 laevus** 3: links **6 semireductus** 3: halb zurückgebogen **7 in medio**: in der Öffentlichkeit **8 passim**: überall **9 coeo**, -ire: h. sich paaren **10 nempe**: allerdings

5 **11 convenio** 4 (+ dat.): sich schicken (für), passend sein (für) **12 furtum**, -i: Heimlichkeit, heimliches Tun **13 vestis**, -is f.: Decke **14 pars ... pudenda** = *pubes* (vgl. V. 1) **15 lateo** 2: verborgen sein **16 si non ... at**: wenn schon nicht ... so doch wenigstens **17 quiddam nubis opacae** (gen. part.) = *aliquam nubem opacam*: „eine Art Halbdunkel" (**nubes**, -is f. = Wolke; **opacus** 3 = dunkel) **18 lux patens**: helles Tageslicht (**luce patente**: abl. comp.) **19 prohibeo** 2: fernhalten **20 imber**, -bris m.: Regen

10 **21 tegula**, -ae: h. Dachziegel **22 quercus**, -us f.: Eiche **23 nemus**, -oris n.: Wald **24 antrum**, -i: Höhle **25 sub Iove**: unter freiem Himmel **26 iuncta**: sc. *est* **27 rudis**, -e: roh, unzivilisiert

Abb. 35: Kapitolinische
Venus, röm. Marmorkopie
nach einem griech. Vorbild
(um 130 v. Chr.), Rom,
Kapitolinisches Museum

44 Kommentar

Ovid,
Ars amatoria II 613–624

1 f. Ipsa Venus: Die Göttin Venus / Aphrodite ist öfter so abgebildet: nackt, eine Hand vor die Scham haltend (➤ Abb. 35). Ovid hatte vermutlich die hier abgebildete oder eine ähnliche Skulptur im Kopf, als er diese Verse schrieb.

9–12 tum quoque: Ovid spielt an den Mythos vom „Goldenen Zeitalter" an, in dem die Menschen noch ohne Behausungen in der freien Natur lebten und sich von Früchten und Beeren ernährten. Das Schamgefühl, so meint er, gab es auch damals schon, obwohl die Menschen sonst noch gänzlich ohne jede Zivilisation waren.

44 Vertiefung

1 Welches Distichon dieses Textes lässt sich mit den Versen 3–8 in T 10 (Am. I 5 ➤ S. 18) vergleichen? Was ist die Kernaussage beider Stellen?

2 Welche Begriffspaare bilden beim Vergleich zwischen den Paarungsgewohnheiten von Tieren und dem Geschlechtsleben von Menschen eine Antithese zueinander?

3 Mit welcher Aussage wird angedeutet, dass das Schamgefühl bei Frauen stärker ausgeprägt sei als bei Männern?

45 Text

Ovid,
Ars amatoria II 682–694

Gemeinsam erlebte Lust ...

1   Quod[1] iuvet[2], ex aequo femina virque ferant[3].
Odi concubitus[4], qui non utrumque resolvunt[5];
   hoc est, cur[6] pueri[7] tangar[8] amore minus.
Odi[9], quae praebet, quia sit praebere necesse
5   siccaque[10] de lana[11] cogitat ipsa sua.
Quae[12] datur officio, non est mihi grata voluptas:
   officium faciat nulla puella mihi!

1 1 quod: Rel.-Pron. **2 iuvat** (unpers.): es erfreut **3 fero**, ferre: h. (als Gewinn) davontragen, erlangen **4 concubitus**, -us: Beischlaf, Geschlechtsverkehr **5 resolvo** 3: entspannen, erschöpfen **6 hoc est, cur**: das ist der Grund, warum **7 pueri**: gen. obi. zu *amore* **8 tango**: pass. h. sich begeistern für (+ abl.) **9 odi**: sc. *eam* oder *puellam*

5 10 siccus 3: trocken; h. gefühllos **11 lana**, -ae: Wolle; Wollarbeit **12 quae**: Reihung: *voluptas, quae ...*

Me voces audire iuvat[2] sua[13] gaudia fassas[14],
    quaeque[15] morer[16] memet sustineamque[17]
                                                    rogent.
10 Aspiciam[18] dominae victos amentis[19] ocellos[20]:
    langueat[21] et tangi se vetet illa diu!
    Haec bona non primae tribuit natura iuventae[22]:
    quae cito post septem lustra[23] venire solent.

13 sua gaudia = *gaudia eius (= puellae)* **14 fate-
or** 2, fassus sum: bekennen; verraten, zeigen
15 quaeque = *et quae* (auf *voces* zu beziehen);
Reihung: *(voces,) quae memet (= me) rogent, (ut)
morer sustineamque* **16 moror** 1: h. warten
17 sustineo 2: verzögern, ausharren; **sustineam**
= *ut sustineam*
10 18 aspiciam: coni. opt. **19 amens,** -ntis:
rasend, von Sinnen **20 ocellus,** -i = *oculus*
(Deminutiv) **21 langueo** 2: matt daliegen **22 iu-
venta,** -ae = *iuventus* **23 lustrum,** -i: (Zeitraum
von) fünf Jahre(n)

45 Kommentar

Ovid,
Ars amatoria II 682–694

3 pueri amore: Die Knabenliebe war besonders bei den Griechen verbreitet, bei den Römern handelte es sich um eine gelegentliche „Modeerscheinung". Im Unterschied zur Liebe zwischen Mann und Frau wird der Knabe dabei allerdings als reines „Objekt" gesehen.

5 lana: Zu den Pflichten einer ehrbaren Hausfrau gehörte traditionellerweise auch die Arbeit mit Wolle, also Spinnen und Weben.

45 Vertiefung

1 Warum ist der Autor von der Knabenliebe nicht so begeistert?

2 Welche Art von *voluptas* lehnt er ab?

3 Mit feministischen Augen gesehen, ist die ganze *„Ars amatoria"* eine einzige „Männerfantasie". Welche Vorstellung in dieser Passage könnte man speziell unter dieser Rubrik einordnen?

4 Ab welchem Alter ist Ovids „Idealvorstellung" des Liebesaktes – seiner Meinung nach – erst möglich?

Abb. 36: Ein Liebesakt, pompejanische Wandmalerei (1. Jh. n. Chr.)

... und wie man sie erlangt

1 Crede mihi: non est veneris properanda voluptas,
  sed sensim[1] tarda[2] prolicienda[3] mora[4].
Cum loca reppereris, quae[5] tangi femina gaudet,
  non obstet[6], tangas quominus illa[7], pudor!
5 Aspicies oculos tremulo[8] fulgore[9] micantes[10],
  ut sol a liquida saepe refulget[11] aqua.
Accedent questus[12], accedet amabile[13] murmur[14]
  et dulces gemitus[15] aptaque verba ioco[16].
Sed neque tu dominam velis[17] maioribus usus
10 desere nec cursus[18] anteat[19] illa tuos;
ad metam[20] properate simul: tum plena[21] voluptas,
  cum pariter victi femina virque iacent.

1 **1 sensim**: allmählich, bedächtig **2 tardus** 3: langsam **3 prolicio** 3M: hervorlocken **4 mora**, -ae: Aufschub, Hinauszögern **5 quae tangi**: AcI im Rel.-Satz **6 obsto** 1: verhindern; Reihung: *pudor non obstet, quominus* (= dass) **7 illa**: sc. *loca*
5 **8 tremulus** 3: zitternd, unruhig **9 fulgor**, -oris m.: Glanz **10 mico** 1: schimmern, blitzen **11 refulgeo** 2: zurückstrahlen **12 questus**, -us: Wehklagen **13 amabilis**, -e: liebevoll **14 murmur**, -is n.: Murmeln **15 gemitus**, -us: Stöhnen **16 iocus**, -i: h. Liebesspiel **17 velum**, -i: Segel
10 **18 cursus**, -us: Fahrt **19 anteo**, -ire (+ acc.): vorauseilen **20 meta**, -ae: Ziel **21 plena**: sc. *est*

9 f. **velis maioribus usus ... cursus tuos**: ein Bild aus der Seefahrt: Kein Partner soll schneller „segeln" als der andere (und somit als erster das Ziel erreichen).

11 ad metam: Die „Zielsäule" beim Wagenrennen im Circus steht hier als Bild für das Erreichen eines (gemeinsamen) Zieles.

46 Vertiefung

1 Auch in dieser Stelle verwendet Ovid kein einziges „schmutziges" Wort. Für den (gemeinsamen) Höhepunkt des Liebesaktes werden Bilder verwendet – welche?

2 An welche Verse aus dem vorigen Text (➤ S. 77 f.) erinnert V. 5?

Abb. 37: Wandmalerei aus dem Haus der „keuschen Liebenden" – casti amanti, pompejanische Wandmalerei (1. Jh. n. Chr.)

Schlussappell und Ankündigung

1 Arma dedi vobis: dederat Vulcanus Achilli;
  vincite muneribus, vicit ut ille, datis.
  Sed quicumque meo superarit[1] Amazona[2] ferro,
  inscribat spoliis[3]: „Naso magister erat."
5 Ecce, rogant[4] tenerae, sibi dem praecepta[5],
  puellae:
  vos eritis chartae[6] proxima[7] cura meae!

> **1** 1 **superarit** = *superaverit* **2 Amazon**, -is, acc.
> -a: Amazone (➤ K) **3 spolia**, -orum: Beute
> **5** 4 **rogant**: Reihung: *tenerae puellae* (sc. *me*) *ro-*
> *gant*, (sc. *ut*) *dem sibi* (indirektes Refl.) *praecep-*
> *ta* **5 praeceptum**, -i: Anweisung **6 charta**, -ae:
> Buch **7 proxima**: sinngemäß zu *chartae meae*
> (Enallagé ➤ Kleine Stilkunde, S. 117)

Abb. 38: Exekias (?), Achill tötet Penthesilea, *schwarzfigurige attische Vase (6. Jh. v. Chr.), Detail*

Abb. 39: Lara Croft – eine Amazone von heute

ommentar

1 vobis: Zum letzten Mal werden die Männer angesprochen, die ja das Zielpublikum der ersten beiden Bücher der „*Ars*" sind (➤ Einleitung, S. 65 f.).

Vulcanus Achilli: Im 18. Gesang von Homers „*Ilias*" erhält der griech. Held Achilles vom Schmiedegott Hephaistos (lat. Vulcanus) neue Waffen, mit denen er dann in den Kampf zieht, um Hektor, den Verteidiger Trojas, zu besiegen.

3 Amazona: Eine andere Episode aus dem trojanischen Sagenkreis erzählt von der Liebesgeschichte zwischen Achilles und der Amazonenkönigin Penthesilea. (Die Amazonen waren ein kämpferisches Frauenvolk, das keine Männer aufnahm und sich nur zur Fortpflanzung gelegentlich der Männer bediente.)

4 Naso: Aus metrischen Gründen verwendet Ovid hier seinen Beinamen (Publius Ovidius Naso).

5 f. Ecce …: Mit den letzten beiden Versen wird bereits das dritte Buch angekündigt, das sich an die Frauen richtet.

47 Vertiefung

1 Welcher dir bereits bekannte, für die Liebesliteratur typische Topos wird auch hier (➤ V. 1–4) mehrfach wieder angedeutet? Durch welche Wörter?

2 Vergleiche den Schluss dieser zwei an die Männer gerichteten Bücher (➤ V. 1–4) mit dem Beginn (➤ T 34, S. 66): Welches Wort aus jenem Text wird durch ein Substantiv hier inhaltlich wieder aufgenommen?

3 Analysiere den Vergleich in V. 1: Wofür stehen Achilles, wofür Vulcanus / Hephaistos, wofür die Waffen? Und was ist das *tertium comparationis*?

4 Das dritte Buch der „*Ars amatoria*" beginnt folgendermaßen (übers.):

„Ich habe den Griechen Waffen für den Kampf gegen die Amazonen gegeben;
bleiben noch die Waffen, die ich dir, Penthesilea, und deiner Truppe gebe."

Inwiefern nimmt dieses Distichon auf den Schluss des 2. Buches Bezug?

48 Text

Ovid,
Ars amatoria III 59–66; 69–74

Nütze die Zeit der Jugend!

Venturae memores iam nunc estote[1] senectae[2]:
   sic nullum vobis tempus abibit iners[3].
Dum licet et vernos[4] etiamnum[5] educitis[6] annos,
   ludite: eunt anni more[7] fluentis aquae.
5 Nec[8], quae praeteriit, iterum revocabitur unda
   nec, quae praeteriit, hora redire potest.
Utendum est aetate: cito pede labitur aetas,
   nec bona[9] tam sequitur, quam bona prima fuit.
[…]
10 Tempus erit, quo tu, quae nunc excludis amantes,
   frigida[10] deserta[11] nocte iacebis anus[12]
nec tua frangetur nocturna ianua rixa[13],
   sparsa[14] nec invenies limina[15] mane rosa.
Quam cito (me miserum!) laxantur[16] corpora rugis[17]
15   et perit, in nitido[18] qui fuit ore, color.

1 **1 estote** = *este* **2 senecta**, -ae: = *senectus*, *-utis* **3 iners**, -rtis: untätig (h. prädikativ) **4 vernus** 3: Frühlings-…, h. Jugend-… **5 etiamnum**: noch **6 educo** 3: verbringen **7 more** + gen.: nach Art von, wie

5 **8 nec … nec:** Reihung: *Nec unda, quae …, nec hora, quae …* **9 bona:** Reihung: *nec tam bona* (sc. *aetas*) *sequitur …*

10 **10 frigidus** 3: h. ungeliebt **11 desertus** 3: inhaltl. zu *anus* (Enallagé ➤ Kleine Stilkunde, S. 117) **12 anus**, -us f.: alte Frau (h. prädikativ) **13 rixa**, -ae: Streit **14 spargo** 3, sparsi, sparsum: bestreuen; **sparsa nec** = *nec sparsa* **15 limen**, -inis n.: Schwelle **16 laxo** 1: schlaff machen; pass.: erschlaffen **17 ruga**, -ae: Falte

15 **18 nitidus** 3: glänzend, blühend

48 Kommentar

1 estote: Angesprochen werden ab jetzt immer die Frauen / Mädchen, die die Adressatinnen des 3. Buches sind (➤ Einleitung zur „Ars amatoria", S. 65 f.).

10 excludis amantes: Anspielung an den beliebten Topos der Liebesdichtung, nach dem der schmachtende Liebhaber nächtelang bei Wind und Wetter vor der Tür seiner Angebeteten ausharrt und auf Einlass hofft (➤ T 33, S. 61 f.).

12 frangetur ... ianua: Das Bild wird noch weiter ausgeführt: Bei einem Streit zwischen mehreren Nebenbuhlern kommt es zu Handgreiflichkeiten.

48 Vertiefung

1 Drei Verse aus dieser Stelle (ein Distichon und ein Hexameter) sind als „geflügeltes Wort" bzw. Sprichwort ganz ohne den hier gegebenen Kontext in den Zitaten-Wortschatz eingegangen.

   a Um welche Verse könnte es sich handeln?

   b Welche Stilmittel finden sich in diesen Versen?

2 Das dritte Buch der „Ars amatoria" richtet sich, so Ovid, an Frauen und Mädchen.

   a Wie ernst ist das zu nehmen?

   b Warum könnte man gerade beim vorliegenden Text an dieser Absicht des Autors zweifeln?

3 Für die Leserinnen, die Ovid mit diesem Gedicht erreichen will, ist klar, dass hier ein Mann schreibt.

   a Welchen Einfluss könnte diese Tatsache auf die Erwartungshaltung haben, mit der eine Frau (damals wie heute) an diesen Text herangeht?

   b Wie könnte sich das Bewusstsein, dass hier ein Mann schreibt, auf die Interpretation einer Leserin auswirken?

4 Das Thema des Alterns wird hier großteils in sehr düsteren Bildern behandelt. Ein Bild freilich könnte man geradezu als lyrisch bezeichnen. Welches?

5 Sammle alle Vokabeln (Substantiva, Adjektiva und Verba) dieser Stelle, die auf Zeit und Vergänglichkeit Bezug nehmen.

6 Nicht nur Frauen altern, auch Männer. Nimm deine Übersetzung des vorliegenden Textes als Grundlage für einen eigenen Text: Verändere die geschilderten Beispiele und Situationen so, dass er auf Männer zutrifft.

7 ➤ ET 9, S. 83: Eine zum vorliegenden Text gegenteilige Ansicht bringt Ovid selbst im 2. Buch seiner „Ars amatoria". Lies den Ergänzungstext und beantworte dann folgende Fragen:

   a Warum zeichnet Ovid zwei so unterschiedliche Bilder von „reiferen" Frauen?

   b Welchen Vorwurf könnte man Ovid von feministischer Seite in diesem Zusammenhang machen?

 **E9** text

Ovid,
Ars amatoria II 665 ff., (übers.)

Die Vorzüge der reifen Frau

1 Wenn sie schon in fortgeschrittenem Alter ist, die Blüte ihrer Jahre schon hinter sich gelassen hat und bereits vereinzelt weiße Haare zu entfernen sucht – dieses Alter (oder auch ein noch späteres!) ist durchaus brauchbar, ihr Jünglinge! Dieses Feld wird ergiebig sein, dieses will beackert werden. [...] Sie verfügen über eine größere Umsicht, wenn man zur Sache kommt; sie haben die
5 Übung – und die allein macht doch den Meister! Durch Eleganz machen sie gut, was sie an Jahren zuviel haben, und durch Körperpflege achten sie darauf, nicht wie alte Frauen auszusehen. Und genau so, wie du es willst, vereinigen sie sich auf tausend verschiedene Weisen in Liebe mit dir – kein Bild könnte mehr verschiedene Arten erfinden.

 **49** text

Ovid,
Ars amatoria III 417; 419–428

Die Frau auf der Jagd

1 Utilis est vobis, formosae[1], turba, puellae.
[...]
Ad multas lupa tendit[2] oves[3], praedetur[4] ut unam,
et Iovis in multas devolat ales[5] aves.
5 Se quoque det[6] populo mulier speciosa[7]
                       videndam[8]:
quem[9] trahat[10], e multis forsitan[11] unus erit.
Omnibus illa locis maneat studiosa[12] placendi
et curam[13] tota mente decoris[14] agat!
Casus[15] ubique valet; semper tibi pendeat[16] hamus:
10 quo minime credas gurgite[17], piscis erit.
Saepe canes frustra nemorosis[18] montibus errant
inque plagam[19] nullo[20] cervus agente venit.

1 1 formosae puellae: voc. **2 tendo** 3: auflauern **3 ovis**, -is f.: Schaf **4 praedor** 1: erbeuten **5 ales**, -itis m./f.: Vogel; **Iovis ... ales** = Adler

5 6 se dare: sich zur Verfügung stellen **7 speciosus** 3: wohlgestaltet, schön **8 videndam** = ad videndum **9 quem ... erit**: Reihung: E multis ... erit unus, quem trahat (konsek. coni.) **10 traho** 3: h. an sich ziehen **11 forsitan**: vielleicht **12 studiosus** 3 (+ gen.): bedacht auf **13 curam agere** (+ gen.) = curare **14 decor**, -oris m.: Anmut, gutes Aussehen **15 casus**, -us: h. Zufall **16 tibi pendeat hamus**: „deine Angel soll ausgeworfen sein" (**hamus**, -i: Angel; **pendeo** 2: hängen)

10 17 gurges, -itis m.: Strudel, Tiefe, Wasser; Reihung: in eo gurgite, in quo ... **18 nemorosus** 3: waldig **19 plaga**, -ae: Netz **20 nullo agente**: abl. abs. mit konzessivem Sinn: „ohne dass einer …"

 **49** kommentar

Ovid,
Ars amatoria III 417; 419–428

11 f. canes ... plagam: Zwei verschiedene Arten der Jagd werden hier erwähnt: das Hetzen des Wildes mit Hunden sowie das Aufspannen eines Netzes über einer Grube – bei letzterer Methode genügt es manchmal einfach zu warten, bis ein Tier hineinstürzt.

1 Sammle Verba und Substantiva in dieser Stelle, die sich eindeutig auf die Jagd beziehen. Kennst du im Deutschen vergleichbare Bilder?

2 An welche Aussage in T 37 (➤ S. 69, Theater) erinnert V. 4?

3 Wo könnte eine Römerin hingehen, die sich an Ovids Anweisungen halten will? (Denk dabei auch an die schon gelesenen Texte!) Wo würden Mädchen heute hingehen, wenn sie Ovid als Ratgeber ernst nehmen sollten?

4 „Der Zufall muss a b'soffener Kutscher sein, wie der die Leut' z'samm'führt!", heißt es bei Nestroy. Wie formuliert Ovid den gleichen Gedanken, mit welchem Bild unterstreicht er ihn?

5 Ist das Befolgen der hier gegebenen Anweisungen durch die Frauen (deiner Ansicht nach) für die Männer oder für die Frauen von größerem Vorteil?

ext

Ovid,
Ars amatoria III 433–438; 443; 445–446

Warnung vor allzu gestylten Männern

1 Sed vitate viros cultum[1] formamque professos[2]
    quique[3] suas ponunt in statione[4] comas.
Quae[5] vobis dicunt, dixerunt mille puellis:
    errat et in nulla sede moratur amor.
5 Femina quid faciat, cum sit vir levior[6] ipsa[7]
    forsitan[8] et plures possit habere viros?
[…]
Nec coma vos fallat liquido nitidissima[9] nardo[10]
[…]
10 nec toga decipiat filo[11] tenuissima[12] nec si
    anulus[13] in digitis alter et alter erit!

> **1** **1 cultus**, -us: Schmuck, Eleganz **2 profiteor** 2, -fessus sum: sich (öffentlich) bekennen zu, zur Schau stellen **3 quique** = et qui **4 statio**, -onis f.: Ordnung, richtiger Platz **5 quae** = ea, quae (Objektsatz)
>
> **5** **6 levis**, -e: glatt; herausgeputzt **7 ipsa**: abl. comp. **8 forsitan**: vielleicht; forsitan et = et forsitan **9 nitidus** 3: glänzend **10 nardum**, -i: Öl, Gel (➤ K)
>
> **10** **11 filum**, -i: Faden, Garn **12 tenuis**, -e: dünn, fein; inhaltlich zu filo (Enallagé ➤ S. 117) **13 anulus**, -i: Ring

Abb. 40: Würde Ovid wohl auch vor diesem Mann warnen?

Abb. 41: Antinous, der Geliebte des Kaisers Hadrian, Marmorbüste (2. Jh. n. Chr.), Neapel, Archäologisches Nationalmuseum

Kommentar

Ovid,
Ars amatoria III 433–438; 443; 445–446

8 nardo: Die Narde ist eine vor allem im orientalischen Raum heimische, äußerst wohlriechende Pflanze, aus der man schon in der Antike Duftöle für kosmetische Zwecke gewann.

Vertiefung

1 Warum sollen sich Frauen vor solchen Männern in Acht nehmen?

2 Welches Pauschalurteil über derartige Männer finden wir in V. 5 f.?

3 Welche Details, an denen man den Dandy erkennt, zählt Ovid auf?

4 Auch die Männer warnt Ovid davor, allzu dandyhaft zu erscheinen; einige grundlegende Hygiene-Vorschriften seien aber doch zu beachten.

➤ ET 10: Lies den folgenden Ergänzungstext und schreib dann (auf Deutsch) einen eigenen Text darüber, welche Punkte Männer, die attraktiv sein wollen, heute beachten sollten. Lass dich dabei von den beiden Ovid-Stellen (T 50 und ET 10) inspirieren.

Text

Ovid,
Ars amatoria I 505–522,
(gek., übers.)

Hygienetipps für Männer

1 Du solltest keinen Gefallen daran finden, dein Haar mit der Brennschere zu Locken zu drehen, und du sollst dir die Beine nicht mit dem rauen Bimsstein abreiben. [...] Unbekümmertes gutes Aussehen steht einem Manne gut! [...] Durch
5 Reinlichkeit soll dein Körper gefällig sein, durch das (Training auf dem) Marsfeld soll er gebräunt sein. Die Toga soll gut sitzen und keine Flecken aufweisen. Dein Schuhband soll sich nicht kringeln, die Zähne sollen sauber sein, und dein Fuß soll nicht in einem viel zu großen Schuh herum-
10 schwimmen. Lass keinen schlechten Schnitt dein widerspenstiges Haar entstellen, Haar und Bart sollten von kundiger Hand gestutzt werden. Deine Nägel sollten sauber sein und nicht zu weit vorstehen, und aus dem Nasenloch sollten keine Haare herauswachsen. Dein Atem sollte nicht
15 stinkend und unerfreulich aus deinem Mund entweichen, und der Geruch aus deinen Achselhöhlen sollte die Nase nicht beleidigen [...].

Abb. 42: Bertel Thorvaldsen, Adonis, klassizistische Skulptur (1831), München, Alte Pinakothek

Latein in unserer Zeit • Amor vincit omnia

Der Liebesbrief

Der Liebesbrief ist für die Frau eine Möglichkeit, den Fortgang einer entstehenden Beziehung entscheidend zu beeinflussen. In diesem Text gibt Ovid Tipps, wie die Frau diese Gelegenheit am besten nutzen kann.

1 Inspice[1]: quodque[2] leges, ex ipsis collige[3] verbis,
    fingat[4] an ex animo sollicitusque[5] roget.
Postque brevem rescribe moram[6]: mora semper
    amantes
    incitat, exiguum[7] si modo[8] tempus habet.
5 Sed neque te facilem[9] iuveni promitte roganti
    nec tamen e duro[10], quod petit ille, nega!
Fac[11] timeat speretque simul; quotiensque[12]
    remittes[13],
    spesque[14] magis veniat certa minorque metus!

1 **1 inspicio** 3M: prüfen; sc. *epistulam amantis*
2 quodque = *et quod*: „und bezüglich dessen, was" **3 colligo** 3: h. schließen, folgern; sc. *utrum …* **4 fingo** 3: heucheln, sich verstellen **5 sollicitus** 3: erregt, voller Leidenschaft **6 mora, -ae**: Verzögerung **7 exiguus** 3: klein, gering, kurz **8 modo**: nur

5 **9 facilis, -e**: h. leicht zu erobern **10 e duro**: sc. *animo* **11 fac**: sc. *ut* **12 quotiens**: sooft **13 remitto** 3: zurückschreiben **14 -que … -que** = *et … et*

ertiefung

1 Warum soll die Frau nicht sofort zurückschreiben?

2 Wie soll die Frau ihre Antworten auf das Flehen des Liebhabers gestalten? Welche Gefühle auf Seiten des Mannes spielen dabei eine Rolle?

3 Im 21. Jh. scheint der „klassische" Liebesbrief allmählich durch SMS, E-Mail, ICQ usw. verdrängt zu werden. Sind Ovids Tipps deiner Meinung nach trotzdem noch brauchbar?

*Abb. 43: Jan Vermeer van Delft, **Der Liebesbrief**, Gemälde (um 1670), Amsterdam, Rijksmuseum*

Ovid,
Ars amatoria III 559–572; 575 f.

Anfänger oder graue Schläfen?

1 Hic rudis[1] et castris nunc primum notus Amoris,
    qui tetigit[2] thalamos praeda novella[3] tuos,
te solam norit[4], tibi semper inhaereat[5] uni:
    cingenda est altis saepibus[6] ista seges[7].
5 Effuge rivalem[8]: vinces, dum sola tenebis;
    non bene cum sociis regna Venusque manent[9].
Ille vetus miles sensim[10] et sapienter amabit
    multaque tironi[11] non patienda feret:
Nec franget postes[12] nec saevis ignibus uret
10   nec dominae teneras adpetet ungue[13] genas[14]
nec scindet[15] tunicasve[16] suas tunicasve puellae
    nec raptus[17] flendi causa capillus[18] erit.
Ista[19] decent pueros aetate et amore calentes[20];
    hic[21] fera composita[22] vulnera mente feret.
15 [...]
Certior hic amor est: brevis et fecundior[23] ille;
    quae[24] fugiunt, celeri carpite poma manu.

1 **1 rudis**, -e: unerfahren **2 tango** 3, tetigi: h. betreten, sich nähern **3 novellus** 3 = *novus*; **praeda novella**: prädikativ **4 norit** = *noverit*: coni. opt. **5 inhaereo** 2 (+ dat.): kleben an, sich klammern an **6 saepes**, -is f.: Zaun **7 seges**, -etis f.: Saat, Feld

5 8 rivalis, -is f.: Rivalin, Nebenbuhlerin **9 maneo** 2: h. Bestand haben **10 sensim**: bedächtig **11 tiro**, -onis m.: Rekrut, unerfahrener Soldat **12 postis**, -is f.: Türpfosten, Tür

10 13 unguis, -is m.: (Finger-)Nagel **14 gena**, -ae: Wange **15 scindo** 3: zerreißen **16 -ve ... -ve** = *aut ... aut* **17 rapio** 3M, rapui, raptum: h. ausreißen; Reihung: *nec raptus capillus* (sc. *tibi*) *causa flendi erit* **18 capillus**, -i: Haar **19 ista** (n. pl.): Derartiges **20 caleo** 2: entbrannt sein, glühen **21 hic**: gemeint ist der *vetus miles* **22 compositus** 3: h. gelassen

15 23 fecundus 3: reich, ergiebig **24 quae**: Reihung: *poma, quae fugiunt, ...*

52 **k**ommentar

Ovid,
Ars amatoria III 559–572; 575 f.

1 castris Amoris: Auch in diesem Text wird durchgehend das Bild des *amans* als *miles* verwendet.

52 **V**ertiefung

1 Was zählt Ovid als die Vorteile eines reifen Liebhabers auf?

2 Mit welchen Begriffen und Bildern wird auch hier wieder der Topos der *militia amoris* bedient?

3 An einer Stelle bringt Ovid einen Vergleich aus der Politik.

    a Um welchen Vers handelt es sich?

    b Kannst du den Vergleich erklären?

4 Welche sonstigen Bilder und Vergleiche verwendet Ovid in diesem Text? Kennst du manche davon schon aus anderen Stellen aus der „*Ars amatoria*"?

LIEBE AUS CHRISTLICHER SICHT

**ext**

Epistula Beati Pauli ad Corinthios prima,
c. 13, 1–8; 13

Die Liebe – das höchste christliche Gut

Der folgende Text ist ein Ausschnitt aus dem ersten Brief des Apostels Paulus an die frühchristliche Gemeinde in Korinth. Paulus war ein wandernder Missionar, gründete viele Gemeinden, in denen er sich aber immer nur verhältnismäßig kurz aufhielt, und blieb dann mit diesen Gemeinden durch Briefe in Verbindung. Die Briefe waren weniger privat als öffentlich, wurden vorgelesen und abgeschrieben und weiter verbreitet. Dieser Brief entstand wohl um die Mitte des 1. Jhs. n. Chr., gehört also zu den ältesten Texten des Neuen Testaments.

Der folgende Ausschnitt ist wahrscheinlich der Text in diesem Buch, der am häufigsten von anderen Autoren zitiert wurde, da er die zentralen Formulierungen über die Liebe im Christentum enthält:

1 Si linguis hominum loquar[1] et angelorum[2], caritatem autem non habeam, factus sum[3] velut aes[4] sonans aut cymbalum[5] tinniens[6].

2 Et si habuero[7] prophetiam[8] et noverim[8] mysteria[9]
5 omnia et omnem scientiam et habuero[7] omnem fidem, ita ut[10] montes transferam[11], caritatem autem non habuero[7], nihil sum.

3 Et si distribuero[12] in cibos[13] pauperum omnes facultates[14] meas et si tradidero[15] corpus meum, ut
10 ardeam[16], caritatem autem non habuero, nihil mihi prodest[17].

4 Caritas patiens[18] est, benigna[19] est, caritas non aemulatur[20], non agit perperam[21], non inflatur[22];

5 non est ambitiosa[23]; non quaerit[24], quae sua sunt;
15 non inritatur[25]; non cogitat malum,

6 non gaudet super iniquitatem[26], congaudet[27] autem veritati.

7 Omnia suffert[28], omnia credit, omnia sperat, omnia sustinet[29].

8 20 Caritas numquam excidit[30], sive prophetiae[31] evacuabuntur[32] sive linguae cessabunt[33] sive scientia destruetur[34].
[...]

13 Nunc autem manet fides, spes, caritas: tria haec.
25 Maior[35] autem his est caritas.

---

1 **1 loquar**: coni. pot. **2 angelus, -i**: Engel **3 factus sum**: h. = *sum* **4 aes**, aeris n.: Bronze, Erz **5 cymbalum, -i**: Pauke **6 tinnio** 4: tönen, klingen

2 **7 habuero** (= *habuerim*), **noverim**: coni. pot. **8 prophetia, -ae**: die Gabe zur Weissagung **9 mysterium, -i**: Geheimnis **10 ita ut**: so dass **11 transfero, -ferre**: h. versetzen

3 **12 distribuo** 3, -bui: verteilen; **distribuero** = *distribuerim* **13 in cibos**: h. zur Ausspeisung, Ernährung **14 facultas, -atis** f. (pl.): Vermögen, Güter, Besitz **15 trado** 3, -didi, -ditum: hingeben; **tradidero** = *tradiderim* **16 ardeo** 2: verbrennen **17 prosum, prodesse**: nützen

4 **18 patiens, -entis**: geduldig **19 benignus** 3: gutmütig **20 aemulor** 1: sich ereifern **21 perperam** (adv.): hinterlistig, falsch **22 inflor** 1: sich aufblähen, großtun

5 **23 ambitiosus** 3: ehrgeizig, eitel **24 quaerit**: sc. *ea* **25 inrito** 1: reizen, „irritieren", erregen

6 **26 iniquitas, -atis** f.: Ungerechtigkeit **27 congaudeo** 2: sich mitfreuen (+ dat.)

7 **28 suffero, sufferre**: ertragen **29 sustineo** 2: aushalten

8 **30 excido** 3: fallen, stürzen, abstürzen; aufhören **31 prophetia, -ae**: Prophezeiung **32 evacuo** 1: wertlos machen, vernichten **33 cesso** 1: aufhören, enden **34 destruo** 3: zerstören

13 **35 maior his** = *maxima harum trium*

 **53 Kommentar**

1 caritatem: Paulus verwendet im griech. Original den Begriff *agápe,* den Hieronymus, der Übersetzer der Bibel ins Lateinische, mit *caritas* übersetzt hat; *caritas* ist seitdem der Begriff für die christliche Nächstenliebe. Diesem griechisch-lateinischen Begriffspaar *agápe / caritas* steht ein anderes gegenüber: *eros / amor*, das – in der Regel – die erotische Liebe bezeichnet.

13 fides, spes, caritas: Glaube, Hoffnung, Liebe – die christlichen Kardinaltugenden. Daneben stehen in paulinischer Zeit die vier *virtutes* – Mannestugenden – *prudentia, iustitia, fortitudo, temperantia* (Klugheit, Gerechtigkeit, Tapferkeit, Mäßigung) der griechisch inspirierten römischen Philosophie. Das Mittelalter stellte diesen insgesamt sieben Tugenden dann die berühmten sieben Todsünden gegenüber *(superbia, avaritia, invidia, ira, luxuria, gula, acedia* – Stolz, Geiz, Neid, Zorn, Wollust, Gier, Faulheit). *Fides, Spes* und *Caritas* sind in der bildenden Kunst mit ganz bestimmten Symbolen verbunden:

Fides: Kreuz, Kelch, Gesetzestafeln, Flamme,
    Krone, Tiara, Buch oder Buchrolle
Spes: Anker, Phönix, Biene oder Bienenkorb,
    Zweig, Kreuzfahne, Schiff
Caritas: Herz, Pelikan, strahlendes Christus-
    monogramm (IHS), stillende Frau, Lamm

 **53 Vertiefung**

1   Was verbindest du mit dem Begriff *caritas*? Gibt es deiner Meinung nach dafür eine prägnantere deutsche Übersetzung als „Liebe"?

2   **a** Um welche Form oder Art von Liebe geht es in diesem Text nicht?

    b Wie lässt es sich erklären, dass dieser Text sehr häufig als Lesung bei kirchlichen Hochzeiten verwendet wird?

    c Wer ist zu *caritas* fähig? Wer soll sie üben?

*Abb. 44: Glaube, Hoffnung, Liebe,
Andachtsbild, 19. Jh.*

    d Wie ist es zu erklären, dass *caritas* den Vorzug bekommt vor *fides* und *spes*?

3   Cicero lässt in Text 32 (➤ S. 59 f.) Laelius ebenfalls den Begriff *caritas* verwenden. Welche Art von *caritas* meint Laelius dort? Ist diese Bedeutung von *caritas* auch in der Bedeutung hier im Korintherbrief enthalten – oder ist hier etwas ganz anderes gemeint?

4   ➤ ET 11, S. 90: Das folgende Gedicht, „Was es ist", stammt vom österreichischen Lyriker und Übersetzer Erich Fried (1921–1988). Es erschien erstmals in seiner Sammlung „Liebesgedichte" im Jahr 1979. Fried wurde in Wien geboren, musste im Jahr 1938 aufgrund der nationalsozialistischen Rassengesetze nach London emigrieren und entwickelte sich zu einem bedeutenden politischen Lyriker und Essayisten. Erich Fried gehört außerdem zu den wichtigsten Übersetzern englischer Poesie ins Deutsche, besonders als Shakespeare-Übersetzer hat er sich einen Namen gemacht.

a Versuche eine genaue Beschreibung der *caritas* bei Paulus und der „Liebe" bei Fried.

b Bei beiden geht es darum, was Liebe NICHT ist und NICHT tut. Welches sind die „Gegenmächte" und „Feinde" der Liebe bei Paulus und bei Fried?

c Geht es deiner Meinung nach in Frieds Gedicht um die erotische Liebe zwischen zwei Menschen? Begründe deine Meinung.

5 ➤ ET 12, S. 91 ff.: Der anschließende Ergänzungstext stammt – wie auch ET 2 (➤ S. 11 ff.) – aus Platons *„Symposion"*. Während eines Trinkgelages, an dem nur Männer teilnehmen, einigen sich die Gäste darauf, der Reihe nach eine Rede auf die Macht des Eros zu halten. Als die Reihe zuletzt an Sokrates kommt, referiert er, was er von Diotima – einer weisen Frau aus Mantineia – in Sachen Eros gelernt hat. Der Ergänzungstext bringt zwei Ausschnitte aus ihrer Rede.

➤ Ausschnitt 1:

a Wie wirkt Eros laut Diotima? Hat dieser Eros etwas mit der *caritas* bei Paulus gemeinsam?

b Welches Verhältnis besteht zwischen Eros und dem „Schönen"? Was steht bei Paulus statt dieses „Schönen" bei Diotima?

c Wer ist zu Eros fähig?

➤ Ausschnitt 2:

d Beschreibe die Stufenleiter der Liebe, die Diotima referiert. Was ist ganz unten, was ganz oben?

e Diotima erwähnt das „Göttliche", Paulus nicht. Wie könnte man das erklären?

f Welche Auffassungen, die von Diotima in Sachen Liebe vertreten werden, erkennst du im Paulus-Brief wieder? Wo vertreten Paulus und Diotima unterschiedliche oder gegensätzliche Standpunkte?

 **E11**t_{ext}

Erich Fried, Was es ist

1 Es ist Unsinn	5 Es ist Unglück	Es ist lächerlich
sagt die Vernunft	sagt die Berechnung	sagt der Stolz
Es ist was es ist	Es ist nichts als Schmerz	15 Es ist leichtsinnig
sagt die Liebe	sagt die Angst	sagt die Vorsicht
	Es ist aussichtslos	Es ist unmöglich
	10 sagt die Einsicht	sagt die Erfahrung
	Es ist was es ist	Es ist was es ist
	sagt die Liebe	20 sagt die Liebe

Platon, Symposion 205 c–207 a; 209 e–212 b (leicht gek.).
Nach: Das Trinkgelage oder Über den Eros,
übertr. v. Ute Schmidt-Berger (Frankfurt/Main: Insel Verlag 1985)

Die Rede der Diotima aus Platons *„Symposion"*

Ausschnitt 1

1 „Dem Gesamtbegriff nach ist jedwedes Streben nach Gütern und Glück Eros, der „größte und listenreichste" für jedermann. Doch wenn sich ihm jemand sonst auf diese oder jene Weise zuwendet, im Gelderwerb oder in der Gymnastik oder in der Philosophie, dann heißt es nicht: er liebt oder ist ein Liebender. Wer aber auf eine ganz bestimmte Art verfährt und dabei voller
5 Eifer ist, auf den wendet man das Wort auf das Ganze an: da spricht man von Liebe, Lieben und von Liebenden. [...] Es geht nun zwar die Rede, sprach sie weiter, dass diejenigen lieben, die ihre eigene Hälfte suchen. Meine Lehre aber lautet, dass Eros weder auf ein Halbes aus ist noch auf ein Ganzes, es sei denn gerade ein Gutes, mein Freund. Lassen sich doch die Menschen sogar ihre eigenen Füße und Hände abhauen, wenn ihre eigenen Gliedmaßen ihnen von Übel zu
10 sein scheinen. Nicht am Eigenen, meine ich, hängt ein jeder, er nenne denn das Gute sich zugehörig und sein Eigen und das Schlechte sich fremd. Nichts anderes nämlich lieben die Menschen als das Gute. [...] Eros ist der Drang, das Gute für immer zu eigen zu haben. Wenn nun der Eros immer auf dieses Ziel gerichtet ist, sprach sie, wie muss einer es dann verfolgen und was muss er tun, dass sein Eifer und seine Anspannung Eros genannt werden könnte? Was für ein
15 Tätigsein ist das? Kannst du das sagen?" Dann würde ich dich, Diotima, entgegnete ich, nicht wegen deiner Weisheit bewundern und nicht zu dir kommen, um gerade dieses zu lernen. „So will ich es dir sagen: Es ist ein Zeugen im Schönen, in und mit dem Leibe wie der Seele. [...] Alle Menschen, Sokrates, tragen Samen in sich, im Leib und in der Seele; und wenn sie in ein bestimmtes Alter kommen, begehrt unsere Natur zu erzeugen. Sie vermag jedoch nicht im Häss-
20 lichen, sondern nur im Schönen zu zeugen – die Vereinigung von Mann und Frau ist ja Zeugung. Etwas Göttliches aber, das heißt im sterblichen Wesen das Unsterbliche, ist es, Samen in sich zu tragen, zu zeugen und zu gebä-
25 ren. Im Unharmonischen kann dies unmöglich geschehen. Es harmoniert jedoch das Hässliche nie mit dem Göttlichen, während das Schöne mit ihm harmoniert.
30 So ist die Schönheit Schicksalsgöttin und Geburtshelferin für alles Erzeugen und Werden. Naht daher das vom Samen Trächtige dem Schönen, wird es heiter und
35 zerfließt in Lust und zeugt und bringt Frucht. Naht es hingegen dem Hässlichen, so zieht es sich verdrossen und betrübt in sich zurück, wendet sich ab, schrumpft
40 zusammen und zeugt nicht, sondern hält seine Fülle bei sich und trägt sie als schwere Last. Darum

Abb. 45: Männer beim Symposion, *pompejanische Wandmalerei*

gerät ja, was drängend schon schwillt, in heftige Erregung beim Anblick des Schönen, wie die
den, der es ergreift, von großen Wehen erlöst. Denn Eros ist nicht, wie du glaubst, Sokrates, die
45 Liebe zum Schönen. […] Der Liebesdrang ist er vielmehr zum Zeugen und Hervorbringen des
Schönen. […] Und warum zum Zeugen? Weil die Zeugung das Ewige und Unsterbliche ist für
ein sterbliches Wesen, soweit das überhaupt sein kann. Der Drang zur Unsterblichkeit ist aber
notwendig mit dem Guten verbunden, wenn wirklich, wie wir ja feststellten, das Streben des
Eros dahin geht, das Gute auf immer zu eigen zu haben. Notwendig folgt hieraus, dass Eros auch
50 nach Unsterblichkeit strebt." […]

Ausschnitt 2

„Soweit magst auch du, Sokrates, in die Mysterien des Eros eingeweiht werden. Doch es reichen
vielleicht deine Kräfte nicht für die letzten Weihen und die höchste Schau, wohin auch unser
Weg führt, wenn wir ihn recht bestreiten. Gleichwohl will ich davon künden und an gutem Willen nichts fehlen lassen. Versuche du zu folgen, so gut du kannst. Wer den rechten Weg zu die-
55 sem Ziel gehen will, hub sie an, muss in seiner Jugend damit beginnen, sich den schönen Leibern zuzuwenden; und zwar soll er, wenn sein Führer ihn richtig leitet, zuerst an einem einzelnen die Leibesschönheit lieben und dabei schöne Gedanken hervorbringen; dann aber begrei-
fen, dass die Schönheit am einen Leib der am andern Leib verschwistert ist, und dass, wenn es
um das Schöne an einer Gestalt geht, es große Torheit wäre, die Schönheit an allen Leibern nicht
60 für ein und dieselbe zu halten; hat er dies eingesehen, so wird er Leibesschönheit an allen Schönen lieben, in seiner heftigen Leidenschaft für einen einzelnen aber nachlassen, weil er ihm nun
nicht mehr viel bedeutet. Danach wird er die Seelenschönheit höher schätzen als die des Leibes,
so dass es ihm genug ist, wenn jemand eine wohlgeartete Seele hat, sollte sein Äußeres auch wenig anziehend sein; er wird ihn dennoch lieben und umsorgen, und er wird solche Gedanken
65 mit ihm zeugen, die junge Menschen besser machen können, und stets aufs Neue danach suchen. Dadurch fühlt er sich veranlasst, auch in den Handlungen sowie in Sitten und Gesetzen
das Schöne zu schauen und so wahrzunehmen, dass alle Schönheit miteinander verwandt ist:
damit er die körperliche als etwas Geringes erkenne.

Von den Handlungen muss man ihn zu den Erkenntnissen führen, damit er auch deren Schön-
70 heit sieht und, nun schon im Anblick der Fülle des Schönen, nicht mehr der Einzelschönheit skla-
visch dient, indem er sein Genügen an der Schönheit eines unreifen Knaben oder irgendeines
Menschen oder einer einzigen Tätigkeit findet und dadurch minderwertig und kleinlich wird –
nein! Dem weiten Meer des Schönen sei er zugewandt und verharre in dessen Betrachtung; viele schöne und erhabene Reden wird er dann hervorbringen und Gedanken in unerschöpflichem
75 Streben nach Weisheit, bis er, hierin gekräftigt und gereift, eine Erkenntnis erschaut, die Erkenntnis des Schönen.

Und dieses ist von folgender Art – versuche nun, sprach sie, mir mit der höchsten dir möglichen
Geisteskraft zu folgen.

Wer bisher in der Liebeskunde geführt ward und nun in der rechten Folge und Form jedwedes
80 Schöne betrachtet, der wird, endlich am Ziel auf dem Weg der Liebe, plötzlich ein Schönes von
wunderbarem Wesen erblicken – eben jenes, o Sokrates, dem auch all die früheren Mühen gal-
ten. Es ist erstens ein immer Seiendes, und weder entsteht es noch vergeht es, weder nimmt es
zu noch nimmt es ab; sodann ist es nicht teilweise schön, teilweise hässlich, auch nicht hier
schön, dort hässlich, als ob es für manche schön, für manche hässlich wäre; ebensowenig wird
85 dem Betrachter das Schöne etwa wie ein Antlitz erscheinen oder wie Hände oder sonst etwas Kör-
perliches, auch nicht als irgendein Begriff oder irgendein Wissen noch als etwas, das irgendwo
an etwas anderem ist, sei es an einem Lebewesen auf der Erde oder am Himmel oder sonstwo;
sondern jedes Schöne wird ihm erscheinen als es selbst an sich selbst mit sich selbst von einer
Art ewig seiend; indes alles andere, was schön ist, daran in irgendeiner Weise teilhat, und zwar

so, dass – auch wenn dieses andere entsteht und vergeht – jenes Urschöne selbst weder mehr noch weniger wird und überhaupt unverändert bleibt. Wenn also jemand von den Erscheinungen der Sinnenwelt durch die rechte Art der Knabenliebe emporsteigt und jenes Schöne zu schauen beginnt, dann berührt er wohl fast das Ziel. Denn dies ist der rechte Weg, zur Sphäre des Eros zu gelangen oder sich von einem anderen dahin leiten zu lassen: dass man, bei dem
95 vielerlei Schönen hier beginnend, um jenes Schönen willen immer weiter emporsteigt wie auf Stufen – von einem schönen Leib zu zweien und von zweien zur Leibesschönheit allgemein, und von den schönen Leibern zu den schönen Handlungen, und von den Handlungen zu den schönen Erkenntnissen, bis man von den Erkenntnissen endlich zu jener Erkenntnis gelangt, die keine andere ist als die Erkenntnis jenes Schönen selbst, und man am Ende gewahr werde, was das
100 Schöne an sich ist.

An diesem Punkt des Lebens, lieber Sokrates, sprach die Fremde aus Mantineia, lohnt sich, wenn überhaupt irgendwo, das Dasein für den Menschen: im Schauen des Schönen an sich.

Hast du dieses einmal gesehen, dann wähnst du nicht mehr, es sei etwas wie Goldgerät und Gewänder oder die schönen Knaben und Jünglinge, bei deren Anblick du jetzt außer dir gerätst und
105 wie so viele andere bereit bist, vor lauter Anschauen des Geliebten und im steten Zusammensein mit ihm womöglich Essen und Trinken zu vergessen, um ihn nur immer zu betrachten und mit ihm vereint zu sein. Was erst sollen wir uns vorstellen, sprach sie, wenn es gelänge, das Schöne an sich zu schauen: sonnenklar, rein, unvermischt – ohne menschliche Körperlichkeit und Farben und all den übrigen irdischen Tand, wenn man also das Göttlich-Schöne an sich als das
110 Eine Urbildhafte zu erschauen vermöchte? Glaubst du, fuhr sie fort, ein nichtiges Leben sei noch möglich für einen Menschen, der dorthin blickt und jenes Göttlich-Schöne mit dem dafür nötigen Auge des Geistes betrachtet und sie mit ihm eins weiß? Oder denkst du nicht, sprach sie, dass allein wer das Schöne mit dem Auge sieht, mit dem es zu sehen ist, nicht Schattenbilder der Vollkommenheit entwirft – weil er ja nicht ein Schattenbild ins Auge fasst – sondern wahre
115 Vollkommenheit zum Vorschein bringt, da er ja das Wahre erfasst; und dass, wenn er wahre Vollkommenheit hervorgebracht und herangebildet hat, es ihm beschieden sei, gottgeliebt und – so dies einem Menschen je zuteil wird – gar unsterblich zu sein.

Das war es, mein Phaidros und ihr anderen, was Diotima sagte, und mich hat sie überzeugt.

**ext**

Was ist Liebe?

Der folgende Text stammt aus einer Abhandlung, die Andreas Capellanus, ein Kleriker im Gebiet des heutigen Frankreich, für den Bedarf der Geistlichen schrieb, also für ein männliches Publikum. Diese Abhandlung *„De amore"* entstand zwischen 1180 und 1190 – ein paar Jahrzehnte nach den Werken Abaelards und Heloisas – und war so erfolgreich, dass sie noch Jahrhunderte später ins Französische, dann ins Italienische und um 1440 schließlich ins Deutsche übersetzt wurde. So wurde sie zum einflussreichsten Traktat des Mittelalters über die Liebe.

„De amore" ist in Prosa geschrieben und wie eine Lehrschrift aufgebaut. In drei Büchern, die an einen jungen Mann namens Gualterus – Walter – gerichtet sind, setzt Andreas Capellanus detailliert auseinander, was Liebe ist und wie sie wirkt, wer lieben kann, wie sich Liebe zwischen den verschiedenen Ständen abspielt, wie Liebe bewahrt und erhalten wird – und wie man sie wieder los wird.

Der folgende Text ist der Beginn dieser Lehrschrift, und wie es sich für eine Lehrschrift gehört, beginnt sie mit einer genauen Definition ihres Gegenstandes, der Liebe.

1 Amor est passio[1] quaedam innata[2] procedens ex visione[3] et immoderata cogitatione[4] formae alterius sexus, ob quam[5] aliquis super omnia cupit[6] alterius potiri[7] amplexibus[8] et
5 omnia[9] de utriusque[10] voluntate in ipsius amplexu amoris praecepta[9] compleri.

2 Quod[11] amor sit passio[1], facile est videre. Nam antequam amor sit ex utraque parte libratus[12], nulla est angustia[13] maior, quia sem-
10 per timet amans, ne amor optatum capere non possit effectum[14] nec[15] in vanum[16] suos labores emittat.

3 Vulgi[17] quoque timet rumores[18] et omne, quod aliquo posset modo nocere; res enim
15 imperfectae[19] modica[20] turbatione[21] deficiunt[22].

4 Sed et[23] si pauper ipse sit, timet, ne eius mulier[24] vilipendat[25] inopiam; si turpis[26] est, timet, ne eius contemnatur[27] informitas[28] vel
20 pulchrioris se mulier annectat[29] amori; si dives est, praeteritam[30] forte[31] tenacitatem[32] sibi timet obesse.

5 Et ut vera loquamur, nullus est, qui possit singularis[33] amantis enarrare[34] timores. Est
25 igitur amor ille passio[1], qui ex altera[35] tantum[36] est parte libratus[35], qui potest singularis amor vocari.

6 Postquam etiam amor utriusque[37] perficitur[38], non minus timores insurgunt[39]; uter-
30 que[40] namque timet amantium, ne, quod est multis laboribus acquisitum[41], per alterius labores amittat[42], quod valde magis[43] onerosum[44] constat[45] hominibus, quam si[46] spe frustrati[47] nullum sibi suos fructum sentiant
35 afferre[48] labores.

7 Gravius est enim carere[49] quaesitis[50] quam sperato lucro[51] privari[52]. Timet etiam, ne in aliquo offendat amantem; tot[53] enim timet, quod[53] nimium[54] esset narrare difficile.

8 40 Quod[11] autem illa passio[1] sit innata[2], manifesta[55] tibi ratione[56] ostendo[57], quia passio[1] illa ex nulla oritur actione[58] subtiliter[59] veritate inspecta[60]. Sed ex sola cogitatione, quam concipit animus ex eo, quod vidit, passio[1] il-
45 la procedit.

---

1 **1 passio**, -onis f.: Leiden, Leidenschaft, Passion **2 innatus** 3: angeboren **3 visio**, -onis f.: Anblick **4 cogitatio**, -onis f.: das Denken **5 ob quam**: wodurch, weswegen **6 cupit**: + inf. **7 potior** 4 (+ abl.): h. erreichen; genießen **8 amplexus**, -us: Umarmung **9 omnia … amoris praecepta** (n. pl.): alle Gebote der Liebe **10 de utriusque voluntate**: nach beider Willen; mit dem Einverständnis von beiden

2 **11 quod**: h. dass **12 libro** 1: abwägen; **ex utraque parte libratus**: ausgewogen **13 angustia**, -ae: Not **14 effectus**, -us: Ergebnis, Wirkung **15 nec**: und dass … (KEINE Verneinung, weil immer noch abhängig von *timet*) **16 in vanum**: ins Leere; umsonst

3 **17 vulgus**, -i: „die Leute" **18 rumores**, -rum: das Gerede **19 imperfectus** 3: unfertig **20 modicus** 3: klein, gering, unbedeutend **21 turbatio**, -onis f.: Störung **22 deficio** 3M: scheitern

4 **23 sed et**: daher **24 mulier**: h. „Frau", Geliebte, NICHT „Ehefrau" **25 vilipendo** 3: gering schätzen **26 turpis**, -e: hässlich **27 contemno** 3: verachten **28 informitas**, -atis f.: „Unförmigkeit", Hässlichkeit **29 annecto** 3 (+ dat.): anhängen an etw. **30 praeteritus** 3: vergangen **31 forte**: vielleicht **32 tenacitas**, -atis f.: Geiz, Kleinlichkeit

5 **33 singularis**, -e: einseitig **34 enarro** 1: aufzählen; auch: erklären **35 ex altera … parte libratus**: unausgewogen **36 tantum**: h. nur

6 **37 utriusque** (gen. sg.): beider, von beiden **38 perficio** 3M: erfüllen, vollenden **39 insurgo** 3: wachsen, sich erheben **40 uterque**: jeder von beiden; beide **41 acquiro** 3, -quisivi, -quisitum: erwerben, erlangen **42 amitto** 3: verlieren **43 valde magis**: viel mehr **44 onerosus** 3: belastend, schwer; **onerosum**: sc. *esse* **45 constat**: es steht fest, dass (+ AcI) **46 quam si**: als wenn **47 spe frustratus** 3: enttäuscht **48 affero**, -ferre: bringen

7 **49 careo** 2 (+ abl): etw. ermangeln, entbehren, „nicht haben" **50 quaesitus** 3: erwünscht **51 lucrum**, -i: Lohn **52 privo** 1: berauben **53 tot …, quod**: so sehr …, dass **54 nimium**: allzu sehr

8 **55 manifestus** 3: klar ersichtlich **56 ratio**, -onis f.: Grund; Argumentation **57 ostendo** 3: darlegen; beweisen **58 actio**, -onis f.: Handlung **59 subtiliter**: genau **60 inspicio** 3M., -spexi, -spectum: prüfen

9　Nam cum aliquis videt aliquam aptam amori et suo formatam arbitrio[61], statim eam incipit concupiscere[62] corde; postea vero quotiens[63] de ipsa cogitat, totiens[63] eius[64] magis
50　ardescit amore, quousque[65] ad cogitationem devenerit pleniorem[66].

10　Postmodum[67] mulieris incipit cogitare facturas[68] et eius distinguere[69] membra suosque actus[70] imaginari eiusque corporis secreta ri
55　mari[71] ac cuiusque membri officio[72] desiderat perpotiri[73].

11　Postquam vero ad hanc cogitationem plenariam devenerit, sua frena[74] nescit continere[75] amor, sed statim procedit ad actum; statim
60　enim iuvamen[76] habere laborat[77] et internuntium[78] invenire.

12　Incipit enim cogitare, qualiter eius gratiam[79] valeat[80] invenire, incipit etiam quaerere locum et tempus cum opportunitate[81] loquen
65　di ac brevem horam longissimum reputat[82] annum, quia cupienti animo nil satis[83] posset festinanter[83] impleri[84]; et multa sibi in hunc modum evenire constat[45].

13　Est igitur illa passio[1] innata[2] ex visione[3] et co
70　gitatione[4]. Non quaelibet[85] cogitatio[4] sufficit ad amoris originem, sed immoderata[86] exigitur[87]; nam cogitatio moderata non solet ad mentem redire, et ideo ex ea non potest amor oriri.

9 **61 arbitrium**, -i: h. Geschmack **62 concupisco** 3: begehren **63 quotiens … totiens magis**: je öfter … desto mehr **64 eius**: zu „*amore*" – „in Liebe zu ihr" **65 quousque**: so lange bis **66 plenus** 3: h. eingehend, intensiv

10 **67 postmodum**: bald darauf **68 factura**, -ae: Gestalt, Figur **69 distinguo** 3: unterscheiden; auch: in Gedanken ausschmücken **70 actus**, -us: Bewegung; Handlung **71 rimor** 1: erforschen **72 officium**, -i: h. Funktion **73 perpotior** 4 (+ abl.): genießen

11 **74 frenum**, -i: Zügel, Bremse; Hemmung **75 contineo** 2: einhalten, beherrschen **76 iuvamen**, -inis n.: Hilfe, Hilfsmittel **77 laboro** 1: h. sich abmühen **78 internuntius**, -i: Vermittler

12 **79 gratia**, -ae: Gunst **80 valeat** = *possit* **81 opportunitas**, -atis f.: günstige Gelegenheit **82 reputo** 1 (+ doppelter acc.): halten für **83 satis … festinanter**: schnell genug **84 impleo** 2: erfüllen

13 **85 quislibet / quaelibet / quodlibet**: jeder / jede / jedes beliebige **86 immoderatus** 3: maßlos, ungehemmt **87 exigo** 3: fordern

Abb. 46: Der Minnepfeil, Email-Kästchen aus dem 14. Jh., New York, The Metropolitan Museum of Art, The Cloisters, Detail

1   Wer ist ab Zeile 13 das Subjekt von *timet*? Versuche mehrere Antworten zu finden!

2   **a** Welche Art von Liebe wird hier zu Beginn definiert?

    b Welche Art/en von Liebe ist / sind durch diese Definition von vornherein ausgeschlossen? Wodurch lässt sich dieser Ausschluss erklären?

    c Lässt sich die Definition mit den bisher kennen gelernten Konzepten von Liebe vereinbaren? Wo decken sie sich? Wodurch unterscheiden sie sich?

3   Es gibt ein englisches Sprichwort, das folgendermaßen lautet: „'t is better to have loved and lost than never to have loved at all." Wo vertritt Andreas Capellanus eine andere Meinung?

4   ➤ ET 13: Der folgende Ergänzungstext stammt aus dem Wissenschaftsmagazin GEO und fasst die Forschungsergebnisse der heutigen Psychologie zusammen.

    a Wo wird im Text ähnlich wie bei Capellanus argumentiert, wo unterschiedlich? Lassen sich diese Unterschiede damit erklären, dass Andreas Capellanus für Geistliche des 12. Jhs. schrieb und GEO für wissenschaftlich interessierte Menschen von heute?

    b In beiden Texten wird Liebe in Beziehung zu Ökonomie und zu „Kosten-Nutzen-Rechnungen" gesetzt. Kannst du das nachvollziehen oder hast du dazu eine ganz andere Meinung?

    c Wie verhalten sich die beiden Texte zu deinen Vorstellungen von „Romantik"?

ext

GEO Magazin 12/02,
Die Logik der Liebe (gek.)

Was macht Partnerschaften erfolgreich?

Wissenschaftler sind dem Geheimnis auf der Spur, warum manche Beziehungen dauerhaft glücklich sind, andere nicht

1   Bei ihrer Suche nach den Regeln der Liebe haben die Beziehungsforscher vor allem vier Gebiete erkundet. In diesem Artikel werden sie der Reihe nach vorgestellt:

- Wie entsteht eine Beziehung, welche Faktoren bestimmen unsere Partnerwahl?

5   - Haben wir so etwas wie Beziehungsprogramme, die wir in der Kindheit erwerben und dann auf jede neue Bindung anwenden?

- Worin bestehen die Geheimnisse der Kommunikation zwischen zwei Partnern – in guten Beziehungen und in schlechten?

- Lässt sich eine zufriedene Partnerschaft erlernen, können uns die Erkenntnisse der Paarforschung zum Beziehungsglück verhelfen?

10   Trotz aller Gesetzmäßigkeiten der Liebe – gerade die erste Phase der Paarbildung, der Rausch der Verliebtheit, ist mit wissenschaftlicher Vernunft nur schwer zu fassen. Warum zwei Menschen einander wählen, „das entbehrt häufig einer klaren Logik", sagt der renommierte New Yorker Sozialpsychologe Art Aron. Wenn man allerdings erst einmal verliebt sei, fallen einem viele gute Gründe für den Partner ein.

Warum verliebt man sich?

Sex zum Beispiel. Aber auch der ist weniger Auslöser der großen Gefühle als ihre Folge. Schließlich kann das Resümee nach einer gemeinsamen Nacht durchaus lauten: aufregend – aber keine Schmetterlinge im Bauch. Der Sexualtrieb sei eben dazu da, dass der Mensch überhaupt nach Partnern Ausschau halte, vermutet die Anthropologin Helen Fisher, Autorin einer „Anatomie der Liebe". Verliebtheit dagegen ermögliche, sich auf einen bestimmten Partner festzulegen. Sie binde zwei Menschen emotional aneinander – und zwar lange genug, um die Überlebenschancen des Nachwuchses zu erhöhen. Nur in einem messbaren Punkt unterscheiden sich die Geschlechter ein wenig: Frauen fühlen sich etwas mehr vom Status des Mannes als von dessen Äußerem angezogen, dagegen bewerten Männer die Attraktivität einer Frau ein bisschen höher als deren soziale Stellung.

Nach dem Rausch folgt Ernüchterung

Eine Umfrage des Sozialpsychologen Art Aron unter mehr als 1000 Verliebten ergab, dass etwa jeder Zweite seinen Partner schon lange gekannt hatte, bevor er für ihn entbrannte. Ausschlaggebend war der plötzlich keimende Gedanke, man werde von diesem anderen Menschen besonders geschätzt. „Von jemandem beachtet zu werden – oder sich das auch nur einzubilden –, ist ein starkes Aphrodisiakum", so Aron. Doch die Ernüchterung kommt unweigerlich. „Genauso, wie man kein erfülltes Leben haben kann, wenn man ständig betrunken ist, kann man auch nicht permanent verliebt sein", sagt Thomas Lewis, Verfasser einer „Allgemeinen Theorie der Liebe". Rasch leidet der Sex. Sogar bei zufriedenen Paaren sinkt die so genannte „Koitusfrequenz" nach ungefähr anderthalb Jahren auf etwa 50 Prozent – verglichen mit dem Liebesrausch der ersten Wochen.

[...]

Die vier Bindungsstile

Die derzeit prominenteste Theorie zum Beziehungsverhalten ist die so genannte Bindungstheorie. Sie geht davon aus, dass jeder Mensch überwiegend einem von vier „Bindungsstilen" folgt:
- dem sicheren
- dem vermeidenden
- dem ängstlichen
- dem besitzergreifenden

Wir alle entwerfen im Laufe der Zeit kognitive „Liebesmodelle", in denen wir gleichsam die gesammelten Erfahrungen unseres Beziehungslebens speichern. Zum Beispiel wie wir in frühester Kindheit mit unseren Eltern verbunden waren. Wie wir Freundschaften erlebt haben und vergangene Lieben. Mit diesen Bindungsvorstellungen, so die langjährige These, gehen wir an jede neue Beziehung heran.

„Sicherer" und „vermeidender" Stil

Rund 60 Prozent aller Deutschen haben einen sicheren Bindungsstil, und sie sprechen ungefähr so über sich: „Es fällt mir leicht, zu anderen Kontakte zu knüpfen. Ich glaube, ich bin ziemlich nett. Die anderen Menschen sind meistens freundliche Exemplare. Liebe kann ewig halten – warum auch nicht?" Menschen, die häufig zurückgewiesen wurden, unterdrücken dauerhaft ihr Bedürfnis nach Nähe, sie entwickeln einen vermeidenden Stil. Sie umfassen in Deutschland rund 30 Prozent, und sie sprechen eher so: „Es geht mir auch ohne gefühlsmäßige Bindung gut. Ich bin unabhängig und selbstständig und will nicht so gern, dass andere mir zu nahe kommen. Aber das macht nichts: Romantische Liebe dauert sowieso nicht lange."

„Ängstlicher" und „besitzergreifender" Stil

60 Auch ängstliche Menschen wurden zurückgewiesen, schließen daraus aber, dass sie nicht liebens-
wert seien: „Ich finde es schwierig, anderen nahe zu sein, aber ich kann ihnen nicht vertrauen
oder von ihnen abhängig sein – davor fürchte ich mich einfach." Sie machen, zusammen mit
den Besitzergreifenden, ungefähr zehn Prozent der Bevölkerung aus. Besitzergreifende bemühen
sich intensiv um Nähe und wehren sie zugleich heftig ab: „Es geht mir nicht gut, wenn ich kei-
65 ne Liebesbeziehung habe, aber der Andere hat mich meistens nicht so gern wie ich ihn. Meine
Partner klagen oft darüber, dass ich ihnen zu eng auf die Pelle rücke."

Ein Experiment

Die Theorie erklärt gut die dramatischen Unterschiede im Liebesverhalten zwischen den Indivi-
duen, weshalb also manche in Beziehungen wie Eisschränke wirken, andere sich dagegen neu-
70 rotisch in ihren Partner verstricken. Denn die Bindungsstile beeinflussen entscheidend unser
Verhalten. In einem Experiment wurden Paare zu einer angeblichen „medizinischen Unter-
suchung" gebeten. Die „Ärzte" gaben sich alle Mühe, die Versuchspersonen einzuschüchtern
und den Eindruck zu erwecken, eine schmerzhafte und unangenehme Prozedur warte auf sie. Die
„sicher gebundenen" Probanden suchten im Wartezimmer Unterstützung bei ihrem Partner und
75 unterstützten ihn ebenfalls – je größer ihre Angst war, desto enger rückten die Paare zusammen.
Die „ängstlichen" Paare verhielten sich genau umgekehrt: Je größer ihre Furcht vor dem Eingriff
war, desto mehr rückten sie voneinander ab. Sie erwarteten vom Partner keine Hilfe und boten
auch keine an.

[…]

80 Wie kommunizieren Partner „richtig"?

Dennoch kann jede Beziehung jederzeit scheitern. Wie und warum, das erkunden vor allem
Gefühlsgeometriker wie John Gottman. Sie konzentrieren sich ganz darauf, wie sich Paare verhalten und was sie dabei denken – auf die Geheimnisse der Liebeskommunikation. Für sie ent-
scheidet sich Glück darin, wie wir Konflikte lösen, auf welche Art wir unsere Zuneigung zeigen,
85 welches innere Bild wir vom anderen entwerfen. Glückliche Partner sind kreativ, sie leben im
rasanten Wechsel von Konflikten, Humor, Zuneigung, Frotzeleien, sie lassen immer wieder emo-
tionale Versuchsballons steigen, um die Stimmung des anderen auszuloten, sie nehmen häufig
Bezug auf gemeinsame Träume, Ideen oder Fantasien. Berechenbar sind negative Paare. Weil sie
immer wieder zum gleichen Punkt zurückkehren: Die Beziehung kann nicht klappen, weil der
90 Andere ist, wie er ist. Wissenschaftler nennen solche Verallgemeinerungen negative „Attributio-
nen": Zuschreibungen, die sich weitgehend von den konkreten Situationen gelöst haben.

Fallbeispiel: Kränkung

Was geschieht, wenn Testperson „Fred" aus seiner Zeitung vorliest und Testperson „Paula" ihm
nicht antwortet, wie interessant sie diese Geschichte findet? Schlimmer noch – wenn sie nicht
95 einmal ein zustimmendes Gemurmel von sich gibt, sondern den Fernseher einschaltet. Klar: Fred
ist sauer. Was muss passieren und wie lange wird es dauern, bis er diese kleine, ärgerliche Szene
vergessen hat? Es gibt dafür eine Gesetzmäßigkeit, die mittlerweile anerkennend „Gottman-
Konstante" genannt wird. Um ein negatives Partnererlebnis wettzumachen – eine Kränkung,
einen Streit, eine kleine Nachlässigkeit – muss der andere fünf positive Erlebnisse etwa der glei-
100 chen Größenordnung stiften. Erst dann haben wir das Gefühl, dass wir mit dem Partner wieder
quitt sind. 5 : 1 – die Glücksformel guter Beziehungen.

Fatale Kosten-Nutzen-Rechnung

Paula schenkt Fred also Kaffee nach, sie macht zwei nette Bemerkungen über den Abend zuvor, und sie lacht ein oder zwei Mal über lustige Geschichten, die Fred erzählt. Jetzt ist für ihn die Sache erledigt. Denn so funktioniert unser Gedächtnis: stets zu unseren eigenen Gunsten. Und unsere Psyche ist ein bisschen wie unsere Haut. Ein Streicheln ist schnell verflogen, aber ein kleiner Riss heilt nur langsam. Jeder Mensch, meinen Vertreter der „Investitionstheorie der Liebe" wie John Gottman oder die Psychologin Caryl Rusbult, führt in seinem Unterbewusstsein eine Art Konto über seine Partnerschaft: Was bringt sie mir, und was muss ich dafür investieren? Dabei rechnet jeder anders. In dieser Kosten-Nutzen-Diagnose vergleichen wir unsere aktuelle Beziehung mit früheren Liebeserfahrungen.

Was tun, wenn der Partner nicht „perfekt" ist

Wir stellen, wie zu Beginn der Beziehung, unsere eigene geschätzte Attraktivität für neue Partner in Rechnung, wir prüfen, welche Alternativen wir gegebenenfalls hätten, und wägen die Trennungshindernisse ab, zum Beispiel gemeinsamen Besitz, Kinder oder den Wert der gemeinsamen Lebensgeschichte. Das alles geschieht nicht unbedingt bewusst. Die entscheidende Frage: Was bleibt unter dem Strich? Wenn ich dauerhaft das Gefühl habe, mehr „bezahlen" zu müssen, als ich zurückbekomme, folgt der Beziehungs-Bankrott. Oder ich suche andere Einkommensquellen: den Kick außerhalb der Beziehung – in einer Affäre. Dass jeder Mensch ein Buchhalter seiner Beziehung ist, gilt als gut belegt. Andere Forscher glauben jedoch, dass wir nicht nur berechnend vorgehen können: Kein Mensch ist perfekt, keine Beziehung würde dem kalten Blick eines Liebes-Rationalisten lange standhalten. Und es hat sich empirisch gezeigt, dass glückliche Partner einander diese herbe Prüfung auch nicht zumuten.

Ohne Vorsatz wird keiner glücklich

Jede Beziehung benötigt „positive Illusionen", meint die Paarpsychologin Susan Campbell. In Beziehungen sei nicht die „objektive" Realität, sondern die subjektive Einschätzung entscheidend. Unter Illusion müsse man „den Willen" verstehen, „die Beziehung im bestmöglichen Licht zu sehen". Das garantiere auch eine Art Liebes-Immunschutz gegen Seitensprünge: Alternative Partner würden im Vergleich nicht sonderlich attraktiv wirken. Ob man dieses Denkmuster erlernen kann, ist umstritten. Manche halten sie für die Folge unveränderbarer Persönlichkeitsmerkmale, andere – wie Susan Campbell – glauben, dass man sich zur Positivität in gewissem Maße entscheiden kann. Aber wie? Lässt sich Partnerglück lernen?

[…]

Neue Herausforderungen frischen Beziehungen auf

Eine ureigene Beziehungs-Vision muss hinzukommen, eine ganz individuelle Liebes-Rezeptur, für die kein Forscher eine Anleitung geben kann. Denn noch einmal: Schlechte Beziehungen scheitern auf die gleiche Weise, gute gelingen auf unendlich vielen verschiedenen Wegen. Die üblichen Tipps aus Beziehungs-Ratgebern sind ohne Zweifel sinnvoll, auch Paarforscher unterschreiben sie:

- Konzentriere dich auf die lösbaren (praktischen) Probleme, nicht auf die unlösbaren (die Persönlichkeit des anderen zu verändern);
- wende dich dem Partner zu, nicht von ihm ab; pflege deine so genannte Partnerlandkarte, also das Wissen über den anderen; schaffe einen gemeinsamen Sinn;
- sei realistisch, erwarte nicht das Unmögliche.

Alles richtig. Aber wichtiger – und mangels Rezepten schwieriger – scheint es, den ganz persönlichen Beziehungspfad zu finden, auf dem beide immer wieder neue Entdeckungen machen.

Du fragst, was Liebe ist …

Der folgende Text stammt aus einer Sammlung von Liebesbriefen, die ein Mann und eine Frau im 12. Jh. oder etwas später ausgetauscht haben. Diese Sammlung ist nur in einer einzigen Handschrift überliefert, und es lässt sich aus keinem der erhaltenen Briefe – es sind insgesamt über 100 – identifizieren, um wen es sich bei den beiden Liebenden genau gehandelt hat. Fest steht, dass es zwei sehr gebildete und belesene Menschen waren.

1 Ego autem litteras tuas ita avide[1] suscipio, ut mihi semper breves sint, quia desiderium meum et saturant[2] et accendunt[3] ad similitudinem[4] in ardore laborantis, quem
5 potus[5] ipse, quo[6] plus reficit[6], plus accendit[3].

Deum testor[7], quod novo modo, cum eas[8] diligentius[9] intueor[10], novo inquam[11] modo commoveor, quia ipse animus laeto
10 horrore concutitur[12] et corpus in novum habitum gestumque[13] convertitur[14]; et tales litterae laudabiles sunt, quae sensum audientis, quocumque volunt, impellunt[15].

15 Soles a me quaerere, dulcis anima mea, quid amor sit, nec per ignorantiam[16] excusare me possum, quasi[17] scilicet de re incognita sim consultus[18], cum ita[19] me idem amor imperio suo subiecerit, ut non extra-
20 nea[20] res, sed multum familiaris et domestica, immo intestina[21] videatur: Est igitur amor vis quaedam animae non per se existens nec seipsa contenta[22], sed semper cum quodam appetitu et desiderio se in
25 alterum transfundens[23] et cum altero idem effici[24] volens, ut de duabus diversis voluntatibus unum quid[25] indifferenter[26] efficiatur[24]. […]

Scias, quia – licet[27] res universalis sit amor –
30 ita tamen in angustum[28] contractus est, ut audacter affirmem[29] eum in nobis solummodo[30] regnare, in me scilicet et in te domicilium[31] suum fecisse. Nos enim duo amorem integrum[32], invigilatum[33], since-
35 rum habemus, quia nihil est dulce, nihil

1 **1 avidus** 3: gierig **2 saturo** 1: sättigen, stillen **3 accendo** 3: entzünden, anfachen **4 ad similitudinem in ardore laborantis**: genau wie bei einem, der an Fieber leidet

5 **5 potus, -us**: der Trank **6 quo plus … plus**: je mehr … desto mehr **6 reficio** 3: erfrischen, erquicken **7 testor** 1: als Zeugen anrufen **8 eas** = *litteras* **9 diligens**, -ntis: genau, gründlich **10 intueor** 2: anschauen **11 inquam**: (verstärkender Ausruf, kann unübersetzt bleiben), „sag ich!": ganz und gar, geradezu

10 **12 concutio** 3M: durchbohren **13 habitus gestusque**: Haltung und Körpersprache **14 converto** 3 (pass.): sich verwandeln **15 impello** 3: bewegen

15 **16 ignorantia**, -ae: Unwissen **17 quasi**: als ob **18 consulo** 3, -sului, -sultum: befragen **19 ita …, ut**: so …, dass

20 **20 extraneus** 3: fremd, äußerlich **21 intestinus** 3: innerlich, „intim" **22 seipsa contenta**: sich selbst genügend, mit sich begnügend

25 **23 transfundo** 3: übertragen **24 efficio** 3M: bewirken, erreichen **25 quid** = *aliquid* **26 indifferenter**: ohne Unterschied **27 licet** (+ coni.): obwohl; mag auch

30 **28 angustus** 3: eng, besonders **29 affirmo** 1: behaupten **30 solummodo**: nur (bezogen auf *„eum"*) **31 domicilium**, -i: Wohnsitz **32 integer**, integra, integrum: ganz, unversehrt **33 invigilatus** 3: wach

quietum alteri, nisi[34] quod in commune[35] proficit[36]; aeque annuimus[37], aeque negamus[38], idem per omnia sapimus[39].

Quod inde facile probari[40] potest, quia tu saepe meas cogitationes anticipas[41]; quod ego scribere concipio[42], tu praevenis[43], et – si bene memini – tu illud idem de te dixisti.

34 nisi: wenn nicht; außer **35 in commune**: für beide **36 proficio** 3: nützen **37 annuo** 3: „zunicken“; gutheißen **38 nego** 1: h. ablehnen **39 sapio** 3M: h. denken, meinen **40 probo** 1: beweisen, belegen

40 41 anticipo 1: vorwegnehmen **42 concipio** 3M: beginnen; planen, vorhaben **43 praevenio** 4: zuvorkommen

ommentar

Ex Epistulis Duorum Amantium
Epistula 24

24 f. in alterum: *alter / altera / alterum* bezeichnet den „anderen“ von zweien, den zweiten von beiden; wichtig ist hier, dass es sich nicht einfach nur um irgendjemand „anderen“ handelt, sondern um den zweiten Teil eines als Einheit gedachten Paares.

ertiefung

1 Nenne die wichtigsten Kennzeichen des hier vorgestellten Konzepts von Liebe.

2 **a** Dieses Konzept unterscheidet sich von den anderen theoretischen Texten über die Liebe durch die „Wir“-Form. Wie wirkt es durch diese „Wir“-Form beim Lesen? Welche Kategorie kommt durch die „Wir“-Form – im Vergleich zu den anderen theoretischen Texten – noch hinzu?

b Was hat dieses Konzept von Liebe mit jenem des Apostels Paulus (➤ T 53, S. 88) gemeinsam? Was mit jenem des Andreas Capellanus (➤ T 54, S. 93 ff.), was mit Cicero (➤ T 32, S. 59 f.) und Ovid (➤ T 34, S. 68)?

c Was an diesem Konzept lässt sich deiner Meinung nach in ein heutiges Konzept von Liebe übernehmen, was nicht?

3 In diesem Text findet sich ein wörtliches Zitat aus Ciceros Dialog „*Laelius de amicitia*“ (➤ T 32, S. 59). Im Brief steht:

Scias, quia – licet res universalis sit amor – ita tamen in angustum contractus est, ut audacter affirmem eum in nobis solummodo regnare […].

Bei Cicero steht (Laelius 20):

Quanta autem vis amicitiae sit, ex hoc intellegi maxime potest, quod ex infinita societate generis humani, quam conciliavit ipsa natura, ita contracta res est et adducta in angustum, ut omnis caritas aut inter duos aut inter paucos iungeretur.

Während in der „*Epistula*“ von *amor* die Rede ist, lässt Cicero Laelius von *amicitia* und *caritas* sprechen. Warum hat der Verfasser der „*Epistula*“ deiner Meinung nach dennoch die Cicero-Stelle zitiert? Was bedeutet das für das Konzept von Liebe, das darin entworfen wird?

4 ➤ ET 14, S. 102 f.: Der folgende Ergänzungstext ist mindestens 100 Jahre älter als dieser Brief. Er stammt aus Spanien und entstand ungefähr um 1050 im Kalifat Cordoba. Sein Autor, Ibn Hazm al Andalusi (994–1063), wurde als Sohn eines Wesirs in Cordoba geboren und hatte in der Zeit, als er selbst Wesir war, Macht und politischen Einfluss. Später zog er sich als moslemischer Gelehrter ins Privatleben zurück und widmete sich der Wissenschaft.

Sein Werk „Über die Liebe und die Liebenden" deckt in insgesamt 30 Kapiteln alle Phänomene der Liebe ab und ist ein Abbild des höfischen Lebens im Cordoba der Kalifenzeit. Auch er gibt eine Definition von Liebe, die im folgenden Ausschnitt abgedruckt ist.

a Nenne die Gemeinsamkeiten und die Unterschiede zwischen den beiden Auffassungen von Liebe.

b Angesichts dieser Gemeinsamkeiten und Unterschiede: Die beiden Texte entstammen zwei unterschiedlichen religiösen Kontexten und Religionen, dem Christentum und dem Islam. Welche Rolle ist Gott jeweils in den Liebesbeziehungen von Menschen zugewiesen?

Ibn Hazm al Andalusi,
Von der Liebe und den Liebenden,
übertr. v. Max Weißweiler (Frankfurt/Main: Insel Verlag 1995)

Das Wesen der Liebe

1 Meine eigene Auffassung ist, dass die Liebe eine Vereinigung von den in dieser erschaffenen Welt getrennten Seelenteilen in ihrem höheren Ursprungselement ist, und zwar nicht so, dass die Seelen in Teile zerlegte Kugeln sind, was die Meinung einiger Philosophen ist, wie sie Muhammad ibn Da'ud wiedergibt, sondern in der Weise, dass die beiderseitigen bewegenden Kräfte in der
5 Heimstatt ihrer höheren Welt verwandt und aufgrund ihrer Gestaltungsart einander nahe sind. Wir wissen, dass das Geheimnis der gegenseitigen Vermischung und Abwendung der Geschöpfe in solchen Vereinigung und Trennung besteht. Jede Art verlangt stets nach ihrer Art, und Gleiches fühlt sich zu Gleichem hingezogen. Die Gleichartigkeit übt eine wahrnehmbare Wirkung und einen sichtbaren Einfluss aus, und wir sehen in unserer Umwelt, wie sich die Gegensätze
10 abstoßen, wie Gleichartiges miteinander harmoniert und Ähnliches nacheinander verlangt. Wie viel mehr muss dies bei der Seele der Fall sein! Ist doch ihre Welt die reine, von der Materie nicht belastete Welt, ihr Wesen allzeit nach oben gerichtet und ausgeglichen und sie von Natur aus dazu geschaffen, sich der Harmonie und Zuneigung, der Sehnsucht und Abkehr, dem Verlangen und Widerwillen zu erschließen. Alles dies ist uns vertraut, weil es in den verschiedenen Verhal-
15 tensweisen, denen der Mensch nun einmal zuneigt, zum Ausdruck kommt. Gott, der Mächtige und Erhabene, sagt: „Er ist's, der euch aus einem einzigen Lebewesen erschaffen hat. Aus diesem schuf er seine Gattin, auf dass Adam ihr vertraue." Gott hat also ihren Ursprung aus ihm zum Grund seines Vertrauens gemacht. Wenn die Schönheit der leiblichen Gestalt der Grund der Liebe wäre, so dürfte man an einem mit minderer Gestalt kein Gefallen finden. Und doch finden
20 wir viele Leute, die einen Geringeren vorziehen, obwohl sie sich der Überlegenheit von anderen bewusst sind und die ihr Herz nicht von ihm wenden können. Wenn die Liebe aber auf der Harmonie der Charaktere beruhte, dann würde der Mensch nicht auch einen lieben, mit dem er nicht übereinstimmt und nicht harmoniert. Daher wissen wir, dass die Liebe etwas ist, was in der Seele selbst begründet ist. Manchmal hat sie allerdings einen äußeren Grund und schwin-
25 det, wenn dieser Grund entfällt. Wenn dich darum einer wegen irgend etwas liebt, so wendet er sich von dir, wenn es zu Ende ist. [...]

Diese Ausführungen werden bestätigt durch die Erkenntnis, dass es verschiedene Arten von Liebe gibt. Den ersten Rang unter ihnen nimmt die Liebe derer ein, die einander um Gottes, des Mächtigen und Erhabenen, willen lieben, sei es, weil ihr Wirken von religiösem Eifer erfüllt ist
30 oder weil sie sich über die Grundsätze ihrer Sekte und Lehrmeinung eins sind oder weil sie über besonders wertvolle, dem Menschen zugängliche Erkenntnisse verfügen. Weitere Arten von Liebe sind die Verwandtenliebe, die Liebe, die auf Vertrautheit und Gemeinsamkeit der Bestrebungen beruht, die Liebe der Kameradschaft und Bekanntschaft, Liebe wegen Wohlwollens eines

Menschen seinem Nächsten gegenüber, Liebe aus Verlangen nach dem gesellschaftlichen Rang
35 des Geliebten, die Liebe zweier, die einander wegen eines gemeinsamen Geheimnisses lieben,
das sie hüten müssen, die Liebe, die darauf beruht, dass man seine Wollust stillt und sein Bedürfnis befriedigt, und schließlich die Verliebtheit, deren einzige Ursache in der oben erwähnten Vereinigung der Seelen besteht. Alle diese Arten der Liebe aber vergehen, wachsen und
schrumpfen mit ihren Ursachen, werden durch ihre Nähe verstärkt und durch ihr Fernsein ab-
40 geschwächt mit Ausnahme der wahren Verliebtheit, die sich der Seele bemächtigt; das ist die Liebe, die nur im Tod vergeht. Man kann erleben, dass uralte Leute, die behaupten, ihre Liebe vergessen zu haben, sich besinnen, wenn man sie daran erinnert, und dass sie dann lebhaft und
wieder jung werden und die alte Erregung von Neuem über sie kommt und die Sehnsucht wieder in ihnen erwacht. Unruhe, Geistesverwirrtheit, Schwermut, Veränderung des angeborenen
45 Wesens, Wandel der natürlichen Veranlagung, Abmagerung, Seufzen und die übrigen Zeichen
seelischer Qual, die sich bei der Verliebtheit einstellen, kommen bei keiner von den anderen
oben erwähnten Arten der Liebe vor. Daraus ergibt sich, dass die Liebe ein geistiges Gefallen-
finden und eine seelische Vermischung ist.

 **ext**

Ex Epistulis Duorum Amantium
Epistula 25

Was Liebe *auch* ist ...

Dies ist die Antwort der Frau auf den Brief des Mannes (➤ T 55, S. 100 f.).

1 Quid sit amor vel quid possit, naturali in-
tuitu[1] ego quoque perspiciens[2] morum
nostrorum studiorumque similitudine[3],
quae maxime contrahit[4] amicitias et con-
5 ciliat[5]. [...]
Si amor noster tam facili propulsione[6] dis-
cedit, verus amor non fuit; verba mollia et
plana[7], quae inter nos hactenus[8] contuli-
mus[9], non fuerunt vera, sed amorem si-
10 mulaverunt. Amor enim, cui semel[10] acu-
leum[11] infigit[12], non facile deserit[13]. Nosti[14], o mi amor praecordialis[15], quod tunc
veri amoris officia[16] bene persolvuntur[17],
quando sine intermissione[18] debentur, ita
15 ut pro amico secundum[19] vires faciamus et
super[20] vires velle non desinamus.
[...] Scias enim, dilecte mi, et vere scias: ex
quo[21] dilectio tua[22] cordis mei hospitiolum[23] vel tugurium[24] sibi vendicavit[25],
20 semper grata et de[26] die in diem delectabi-
lior[27] permansit nec, sicut plerumque fieri
solet, assiduitas[28] familiaritatem[29], familiaritas fiduciam[30], fiducia negligentiam[31],

1 **1 intuitus, -us**: Anschauung **2 perspiciens**: h. = *per-
spicio* **3 similitudo morum nostrorum studiorumque**:
die Ähnlichkeit unserer Lebensweise und unserer Inter-
essen **4 contraho** 3: herbeiführen

5 **5 concilio** 1: stiften **6 propulsio, -onis** f.: Schlag, Erschütterung (➤ K) **7 planus** 3: flach, platt **8 hactenus** (adv.):
bis jetzt **9 confero, -ferre, -tuli**: h. austauschen

10 **10 semel** (adv.): einmal **11 aculeus, -i**: Stachel, Dorn
12 infigo 3: einsetzen, einstechen **13 desero** 3: verlassen (Reihung: *Amor – sc. eum –, cui ..., non deserit*)
14 nosti = *novisti*; h. mit *quod* statt AcI **15 praecordialis, -e**: am Herzen liegend; Herzens- **16 officium, -i**:
Pflicht, Dienst **17 persolvo** 3: erfüllen **18 intermissio,
-onis** f.: Unterbrechung, Nachlassen

15 **19 secundum** + acc.: nach, gemäß **20 super vires**:
über unsere Kräfte **21 ex quo**: seit **22 dilectio tua**: die
Liebe zu dir **23 hospitiolum, -i**: Herberge, Bleibe **24 tugurium, -i**: Obdach **25 sibi vendicare**: sich aneignen,
sich erobern

20 **26 de die in diem**: von Tag zu Tag **27 delectabilis,
-e**: erfreulich, angenehm, schön **28 assiduitas, -atis** f.:
Beständigkeit **29 familiaritas, -atis** f.: Vertrautheit, Ver-
traulichkeit **30 fiducia, -ae**: Vertrauen, Sicherheit **31 negligentia, -ae**: Nachlässigkeit, Vernachlässigung

Latein in unserer Zeit • Amor vincit omnia

negligentia fastidium[32] peperit[33]. Et nos,
25 licet[34] omnibus integram caritatem exhi-
beamus, non tamen omnes aequaliter[35]
diligimus, et ita, quod omnibus est gene-
rale[36], quibusdam efficitur speciale[37]. Aliud est sedere ad mensam principis[38], aliud
30 eius interesse[39] consilio[40], et plus est ad
amorem trahi quam ad consessum[41] invi-
tari. Non itaque tantum gratiae tibi de-
beo, si me non repellas[42], quantum si ob-
via[43] manu suscipias. […] Non magnum
35 est, si te diligo, immo[44] pessimum, si umquam[45] tui oblita[46] fuero.
Ergo, care mi, tam fideli amicae rarus esse
noli[47]. Hactenus[48] aliquo modo supporta-
re[49] potui, ast[50] nunc, tui praesentia dum
40 careo[51], cantibus volucrum[52], viriditate[53]
nemorum[54] permota amore tuo[55] langueo[56].
His omnibus utique[57] congauderem, si tui
colloquio et praesentia secundum[19] velle[58]
meum perfrui[59] possem!

32 fastidium, -i: Ekel, Überdruss, Widerwille **33 pario** 3M, peperi: gebären, hervorbringen, verursachen

25 **34 licet** + coni.: obwohl, wenn auch **35 aequaliter**: auf gleiche Weise **36 generalis**, -e: allgemein **37 specialis**, -e: besonders **38 princeps**, -ipis m.: h. Fürst, König

30 **39 intersum**, -esse (+dat.): teilnehmen, dabei sein **40 consilium**, -i: Beirat, Beratung **41 consessus**, -us: Versammlung **42 repello** 3: zurückstoßen, zurückweisen **43 obvius** 3: entgegenkommend, freundlich, offen

35 **44 immo**: sondern vielmehr **45 umquam**: jemals **46 obliviscor** 3, oblitus sum (+ gen.): jmdn. vergessen **oblita fuero** = *oblita ero* **47 noli** (+ inf.): Verbot (➤ K) **48 hactenus** (adv.): bisher **49 supporto** 1: ertragen, aushalten **50 ast**: = *at:* aber, jedoch

40 **51 careo** 2 (+ abl.): etw. entbehren **52 volucris**, -is f.: Vogel **53 viriditas**, -atis f: das Grün **54 nemus**, -oris n.: Wald, Hain **55 amore tuo**: „in der Liebe zu dir" **56 langueo** 2: matt sein, kraftlos sein **57 utique**: gewiss **58 velle**: das Wollen, der Wille **59 perfruor** 3 (+ abl.): etw. genießen, sich an etw. laben

Abb. 48: Amor, Römisches Mosaik, Museum in Schahba / Aleppo (Syrien)

6 tam facili propulsione: Ob sich die Frau hier auf eine konkrete oder eine hypothetische Erschütterung der Liebesbeziehung bezieht oder nicht, lässt sich aus diesem Brief nicht rekonstruieren. Die Sätze, die ursprünglich unmittelbar vor diesem Satz standen, fehlen in der Handschrift, die diesen Briefwechsel überliefert.

38 noli: formuliert ein Verbot an eine zweite Person; berühmtestes Beispiel ist *„Noli me tangere!"* („Rühr mich nicht an!"); *„Noli rarus esse!"* (wörtlich: „Sei kein Seltener!"). Wie könnte eine zeitgemäße deutsche Übersetzung lauten?

56 Vertiefung

1 Wenn dieser Text eine Antwort auf den vorhergehenden ist: Wodurch ergänzt die Frau, die hier schreibt, das Konzept, das der Mann vorgeschlagen hat?

2 Sie arbeitet hier intensiv mit Vergleichen und „größer" / „kleiner"-Relationierungen. Was sagen diese Vergleiche – etwa jener mit der Einladung des Königs – aus? Was ist der Zweck dieser Relationierungen von „es ist größer" / „es ist schlimmer"?

3 **a** Welche anderen Konzepte von Liebe könnte sie gekannt haben – und wie unterscheidet sie sie von den anderen?

b Mit welchen technisch-stilistischen Mitteln arbeitet sie?

c Was sagt ihr Vorschlag über ihre Beziehung zu dem Mann aus, der den vorhergehenden Brief geschrieben hat?

d Wenn sie schreibt: *verus amor non fuit*, impliziert diese Aussage, dass es auch eine „falsche" Liebe gibt. Wie könnte diese „falsche Liebe" beschaffen sein?

e Sie schreibt auch von Liebesdiensten und Liebespflichten – den *officia veri amoris* – und führt nicht genau aus, was sie damit meint. Was könnte sie darunter verstehen?

4 Wo findet sich eine Anspielung auf die Jahreszeit? Wozu dient sie?

AUTOREN – TEXTE – BEGRIFFE

Abaelardus

Petrus Abaelardus (1079–1142) gilt als einer der bedeutendsten Philosophen und Schriftsteller des Mittelalters. Im Lauf seiner steilen Karriere als Professor für Logik und Leiter der Domschule von Notre Dame de Paris, einer Vorläuferin der Pariser Universität, machte Abaelard, der Philosophie und Theologie unterrichtete, diese Schule zu einem internationalen Bezugspunkt und hatte Studenten aus allen Teilen Europas. Durch die Liebesbeziehung mit Heloisa und den damit verbundenen Skandal setzte Abaelard diese Karriere aufs Spiel. Nach dem gewaltsamen Ende dieser Beziehung gingen beide ins Kloster. Abaelards theologische Werke führten zu zwei Verurteilungen wegen Verbreitung von Irrlehren, zur Verbrennung seiner Bücher und zum päpstlichen Bann. Zu Abaelards wichtigsten Werken gehört seine Autobiografie, die so genannte *„Historia Calamitatum"*; sie ist die berühmteste und bedeutendste Autobiografie des Mittelalters. Sie hat die Form eines Trostbriefes an einen Freund, der nicht zu identifizieren ist, und war zweifelsohne zur Veröffentlichung bestimmt. Sie wurde überliefert mit einem Briefwechsel mit Heloisa, in dem die beiden ihre Liebesgeschichte und ihren Eintritt ins Kloster schildern und bearbeiten.

Amor

Amor – auch Cupído und griech. Eros genannt (das griech. Wort *eros* bedeutet ebenfalls einfach „Liebe") – ist der Sohn der Göttin Venus / Aphrodite, der in der bildenden Kunst und beispielsweise auch in der Werbung bis heute stets als kleiner nackter Bub mit Pfeil und Bogen dargestellt wird (➤ Abb. 10, S. 20); er ist der Gott, der direkt für den Zustand der Verliebtheit verantwortlich ist. Wen er mit seinen Pfeilen trifft, der ist rettungslos bis über beide Ohren verliebt. Wie die Liebe, so auch Amor unberechenbar: Gelegentlich folgt er Aufträgen seiner Mutter, meist aber sucht er sich seine Opfer nach Lust und Laune aus. Dennoch kann ihm, dem verspielten Buben, eigentlich niemand wirklich böse sein.

Obwohl Amor weder bei den Griechen noch bei den Römern in Form von Tempeln u.ä. kultisch verehrt wurde, galt er doch stets als besonders mächtiger Gott, mit dem man es sich lieber nicht verscherzen sollte. Dass gerade ein kleiner Bub so viel Macht über Menschen wie Götter hat (denn auch Götter können sich seiner Pfeile und der damit verbundenen Wirkung nicht erwehren), ist eine witzige Pointe der antiken Mythologie.

In der bildenden Kunst erscheint Amor (meist geflügelt – ein weiteres Zeichen für die Schnelligkeit und Unberechenbarkeit der Liebe) schon in der Antike sehr oft auf Wandmalereien und Vasenbildern. In der Renaissance und dann vor allem im Barock wurde er zum überaus beliebten Motiv: Muntere Knäblein – so genannte Eroten, Amoretten oder Putten – bevölkern zahlreiche Gemälde zu Themen der verschiedensten Art. Konkret mythologisch finden sich besonders oft Darstellungen gemeinsam mit seiner Mutter Venus und manchmal auch mit Mars, der nach einer Überlieferung sein Vater ist: Auf diesen Bildern spielt Amor dann gerne mit den abgelegten Waffen des Kriegsgottes, womit gleichzeitig ein Bogen zum *militia-amoris*-Motiv gespannt wird (➤ T 33, S. 61 f.).

Bibel

Die Bibel (griech. *bíblos* = Buch) ist wohl das Buch mit der intensivsten und folgenreichsten Wirkungsgeschichte der abendländischen Literatur. Für zwei Weltreligionen ist sie die „Heilige Schrift": für das Judentum und für das Christentum. Sie hat die Kultur und Kunst Europas beeinflusst wie kein anderes Buch: Sprache, Literatur, Malerei, Philosophie, Musik – dies alles hat die Bibel entscheidend mitgeprägt. Kein Buch ist in so viele Sprachen übersetzt worden wie die Bibel (über 2000!) – und am Anfang fast jeder modernen Sprache Europas steht eine Bibelübersetzung. Für die deutsche Sprache gilt das sogar doppelt: Die gotische Wulfila-Bibel, entstanden bereits im 4. Jh., ist das wichtigste Dokument für die Entstehung der germanischen Sprachen, und 1522–1534 übersetzte Martin Luther die Bibel ins Deutsche und lieferte dadurch das zentrale Beispiel für das Frühneuhochdeutsche.

Die Bibel besteht aus zwei Teilen: dem Alten Testament in hebräischer Sprache und dem Neuen Testament in griech. Sprache. Keiner dieser beiden Teile stammt von einem einzigen Autor, beide wurden von sehr vielen verschiedenen Autoren zu verschiedenen Zeiten geschrieben.

Als das Christentum sich immer mehr rund um das westliche Mittelmeer – und besonders in Rom und Italien – ausbreitete und das Lateinische mehr und mehr zur Sprache der christlichen Kirche wurde, wuchs der Bedarf an lateinischen Übersetzungen. In den ersten drei nachchristlichen Jahrhunderten entstanden sehr viele, die miteinander konkurrierten. Der Bischof von Rom, Papst Damasus I., erteilte deshalb einem Mann seines Vertrauens, Hieronymus, den Auftrag, eine einheitliche und für die Kirche verbindliche Übersetzung der gesamten Bibel herzustellen (2. Hälfte des 4. Jhs.). Hieronymus brauchte dafür zwanzig Jahre und erledigte seine Aufgabe so gründlich und umfassend, dass seine Version – die so genannte „Vulgata" – bis ins Jahr 1979 die gültige Fassung der katholischen Kirche blieb. Allerdings brauchte seine Übersetzung mehrere Jahrhunderte, um sich endgültig durchzusetzen. Die Übersetzung des Hieronymus war es also, die einen enormen Einfluss auf die Entstehung der europäischen Sprachen und Literaturen ausübte.

Briefliteratur

Das Schreiben von Briefen ist seit der Antike eine literarische Kunst. Solche Kunstbriefe waren – dies ist für heutige Leser oft schwer nachvollziehbar – zur Veröffentlichung bestimmt; meist wurden nicht nur einzelne private Briefe, sondern ganze Sammlungen, Serien, Korrespondenzen publiziert. Eine solche Publikation war immer mit einer redaktionellen Bearbeitung verbunden; das heißt, es wurde eine Auswahl getroffen, überarbeitet, korrigiert etc. Deshalb spricht man heute von „Kunstbriefen" oder literarischen Briefen, nicht von tatsächlich verschickten Originalbriefen.

In der Antike gab es in Sachen Brief eine ausgefeilte Theorie und eine ganze Liste von stilistischen Anforderungen. Damals wie heute gab es eine Vielzahl von Arten von Briefen, die sich am besten nach dem Inhalt unterscheiden lassen: Gratulationsbriefe, Beileids- und Trostbriefe, Empfehlungsschreiben, Leserbriefe, Lehrbriefe, Widmungen, anonyme Briefe etc.

Das deutsche Wort „Brief" leitet sich vom lateinischen *brevis, -e* her („kurz") und das ist die Hauptanforderung: Ein Brief soll kurz und präzise aufgebaut sein *(brevitas)*, nicht aus zu langen und gewundenen Sätze bestehen und stilistisch unaufdringlich die Waage halten zwischen alltäglicher Standardsprache und gehobener literarischer Sprache. So wie heute war auch in der Antike und im Mittelalter die Form des Briefes festgelegt: Ein Brief bestand aus dem Briefeingang, dem Briefkorpus (also dem Hauptteil) und dem Briefschluss; der Briefeingang gliedert sich des Weiteren in Absender, Adressat und Gruß.

Der Absender wird in der Regel vor dem Empfänger genannt; die Grußanrede ist so formelhaft, dass sie oft abgekürzt wird:
Marcus Quinto fratri s.(alutem) [p.(lurimam)] d.(icit)
Gelegentlich kann „d.(icit)" auch fehlen.

Im Mittelalter ist es üblich, die Grußformel – unter Weglassung von „salutem dicit" – mit einem imperativen Infinitiv zu versehen:
Marcus Quinto fratri valere.
Die Schlussformel ist ein einfaches „Vale!"

Briefe wurden in der Antike auf mit Wachs überzogene, zusammenklappbare Holztäfelchen *(tabellae, codicilli)* oder auf Papyrus *(charta)* geschrieben. Um ein unbefugtes Lesen zu verhindern, wurden sie zugebunden und versiegelt. Für den Transport war der Absender selbst verantwortlich, da die staatlich organisierte Post *(cursus publicus)* nur dienstliche Schreiben beförderte; so vertraute man Briefe dem eigenen Briefboten *(tabellarius)* oder Bekannten zum Transport an.

Bukolik

Der Begriff „Bukolik" leitet sich vom griech. Wort *bukólos* – „Rinderhirt" – ab und bedeutet „Hirtendichtung"; diese entstand ursprünglich aus dem volkstümlichen Gesang der Hirten in Griechenland; zu einer Kunstgattung wurde sie erst im Zeitalter des Hellenismus, also ca. seit dem 3. Jh. v. Chr.; als ihr bedeutendster Vertreter im griechisch-sprachigen Bereich gilt **Theokrit** aus Syrakus. Damals wurde es zeitweise zu einer regelrechten Modeerscheinung unter Städtern, von den Freuden des einfachen und unverfälschten Lebens auf dem Land zu schwärmen.

Durch die Begeisterung der römischen Dichter (vor allem seit Catull) für den Hellenismus wurde die Bukolik auch in der lateinischen Literatur rezipiert, und so finden bukolische Motive auch Eingang in die römische Liebeselegie: z. B. die ideale Dichterlandschaft **Arkadien** (Kernland der Peloponnes) oder der Topos des *locus amoenus*, einer idealisierten einsamen Naturlandschaft mit Bäumen, Frühlingswiesen, sprudelnder Quelle usw. und – im Idealfall – einer Geliebten auf dem Schoß.

Die antike Hirtendichtung hat bis weit in die Neuzeit hinein in allen europäischen Literaturen nachgewirkt und sehr viele literarische Gattungen beeinflusst wie beispielsweise den Roman und das Drama. In der deutschen Literatur hat der junge Johann Wolfgang Goethe der Bukolik mit der „Laune der Verliebten" zu einem späten Höhepunkt verholfen.

Andreas Capellanus

Von Andreas Capellanus sind wenige und kaum gesicherte Lebensdaten erhalten. Sicher ist: Er lebte in der zweiten Hälfte des 12. Jhs., war Kleriker und hatte einen starken Bezug zur höfischen Welt und zur Aristokratie. Wahrscheinlich war er Kaplan (capellanus) am Hof des fränkischen Königs. Als solcher lehrte er, dass es nicht die adelige Geburt, sondern die *probitas morum*, der rechtschaffene Lebenswandel, sei, der die Menschen voneinander unterscheide.

Mit seiner Abhandlung über die Liebe – „De amore" – schuf er den einflussreichsten Liebestraktat des Mittelalters. Als Quellen für diesen Traktat lassen sich erstens die römischen Klassiker, zweitens die Kirchenväter und drittens die Lehren der arabischen Wissenschaft, die zu seiner Zeit zunehmend ins Lateinische übersetzt wurden und dadurch Verbreitung fanden, vermuten. Besonders bemerkenswert an „De amore" ist aber, dass sich darin erstmals in einem lateinischen Traktat Motive, Themen, Stoffe aus der – damals vorrangig mündlichen – volkssprachlichen Überlieferung finden: Dazu gehören besonders die Minne-Thematik und die Minne-Regeln, aber auch die Sage von König Artus.

„Carmina Burana"

Die „Carmina Burana" (die „Lieder aus Buron / Beuern") sind eine Sammlung von mittelalterlichen Liedern, die in einer Handschrift aus dem bayrischen Kloster Benediktbeuern überliefert sind, daher „Carmina Burana". Die meisten dieser Lieder sind lateinisch, einige mittelhochdeutsch, altfranzösisch oder gemischtsprachig. Die Handschrift enthält sehr weltliche Liebeslieder, Trink-, Scherz- und Spielerlieder, satirische Dichtungen und geistliche Singspiele. Zu etwa 50 der ca. 250 Lieder sind Melodien überliefert – allerdings nicht in der heute geläufigen Notenschrift, sondern in „Neumen", einer Notation des Mittelalters.

Die große Bedeutung dieser Handschrift liegt darin, dass sie eine sehr aussagekräftige Auswahl aus der profanen, d. h. weltlichen Dichtung und Liedkunst der lateinischen Literatur des Mittelalters erhalten hat.

Weil der Anfang fehlt, lassen sich weder der Auftraggeber der Sammlung noch der Entstehungsort der Handschrift feststellen; denn weder die Handschrift noch andere Quellen bieten dazu einen eindeutigen Anhaltspunkt.

Woher die einzelnen Lieder stammen und wer sie geschrieben hat, lässt sich auch nur fallweise rekonstruieren. Vom Werk dieses unbekannten Sammlers sind vier größere Gruppen erhalten: erstens moralisch-satirische Gedichte über den Gang der Welt, zweitens Liebeslieder, drittens solche vom Trinken, Spielen und Vagantenleben und schließlich viertens noch zwei geistliche Spiele.

Wer heute „Carmina Burana" sagt, meint oft die Vertonung Carl Orffs (1895–1980). Sie zählt zu den meistgespielten Chorwerken der Welt. Carl Orff wählte 24 Texte aus der Handschrift aus und vertonte sie – und zwar ohne die originalen Melodien zu kennen, da diese zu seiner Zeit noch nicht rekonstruiert waren.

„Carmina Cantabrigiensia"

Die „Carmina Cantabrigiensia" sind eine Sammlung von in Deutschland, Frankreich und Italien entstandenen lateinischen Dichtungen verschiedener Verfasser aus dem 10. und 11. Jh. Die wohl um 1050 zusammengestellte Sammlung enthält insgesamt 83 Liebes-, Trink-, Tanz- und Naturlieder, Totenklagen, Krönungsgedichte und Preislieder, daneben auch Auszüge aus Epen des Vergil und des Statius sowie eine Ode des Horaz.

Die Liedersammlung trägt ihren Namen nach dem heutigen Aufbewahrungsort der einzigen Handschrift, der Universitätsbibliothek von Cambridge (Cod. Gg 5.35 der UB Cambridge). Sie wurde wohl im 11. Jh. in einem englischen Kloster aus einer kontinentalen Vorlage abgeschrieben.

Catull

Der im norditalienischen Verona geborene Gaius Valerius Catullus (ca. 84–54 v. Chr.) entstammte einer wohlhabenden römischen Familie. In Rom verkehrte der junge Mann dank der Kontakte seines Vaters bald in den vornehmsten Kreisen und begegnete dabei auch der Frau, die mehrere Jahre im Zentrum seines (kurzen) Lebens und dichterischen Schaffens stand und ihn zu seinen wichtigsten Gedichten inspirierte (➤ Einleitung zum Abschnitt „Catull und ‚Lesbia'", S. 29). Nicht nur die Gedichte, die sich um diese Liebesbeziehung drehen, sondern auch die anderen so genannten *carmina minora* Catulls (kurze Gedichte in verschiedenen Versmaßen), ebenso wie seine Epigramme (im elegischen Distichon) haben persönliche Empfindungen zum Thema: Spott, Ärger, Hass, Freundschaft. Catull ist der erste bedeutende römische Dichter, der seine eigenen tiefen Emotionen poetisch umsetzt.

Schon früh schloss sich Catull der avantgardistischen Gruppe der Neoteriker (griech. *neóteroi* = die Neueren) an, die den griechisch schreibenden Dichtern des Hellenismus (ab etwa 300 v. Chr.) nacheiferten. Jene einflussreichen Dichter, die vor allem in Alexandria, dem kulturellen Zentrum des Hellenismus, lebten und arbeiteten, hatten als Arbeitsprinzipien nicht nur die Konzentration auf das persönliche Erleben als Stoff für ihre Werke, sondern vor allem auch den Anspruch, lieber ein kleines Werk formal perfekt zu gestalten als ein nicht vollendet durchkomponiertes Epos zu schaffen. (Bekannt ist beispielsweise der Ausspruch des wichtigsten dieser alexandrinischen Dichter, Kallimachos: *„Méga biblíon méga kakón* = Ein großes Buch ist ein großes Übel.") Überdies legten diese Dichter, die ja in der Bibliothek von Alexandria praktisch Zugang zum gesamten Wissen ihrer Zeit hatten, größten Wert auf eine möglichst umfassende Bildung. In diesem Sinne sieht sich auch Catull – ebenso wie die anderen Neoteriker in Rom – gerne als *poeta doctus*, der sein umfangreiches Wissen durch allerlei entlegene mythologische, geografische usw. Details in seine Gedichte einbringt.

So wichtig all dies für die wissenschaftliche Beschäftigung mit Catull sein mag, gewirkt hat er in allererster Linie durch seine Lesbia-Gedichte, in denen erstmals in der lateinischen Literatur alle Höhen und Tiefen einer intensiven Liebesbeziehung poetisch dargestellt werden. Schon bei den Elegikern der augusteischen Zeit ist sein Einfluss nachweisbar, und seit dem Humanismus (14. Jh.) erfreute er sich ungebrochener Beliebtheit. Seine Gedichte wurden von zahlreichen Dichtern in alle europäischen Sprachen übersetzt bzw. nachgedichtet und variiert. Aus dem 20. Jahrhundert sind vor allem die von Carl Orff vertonten und immer wieder erfolgreich aufgeführten *„Catulli Carmina"* hervorzuheben.

Cicero

Marcus Tullius Cicero (106–43 v. Chr.) stammte aus einem römischen Rittergeschlecht und erwarb sich eine umfassende juristische, literarische, philosophische und rhetorische Bildung in Rom und Griechenland. Er machte steile Karrieren als Rechtsanwalt und Politiker; im Jahr 63 v. Chr. erlangte er das höchste Amt der römischen Republik: Er wurde Konsul. Sein politisches Engagement fällt genau in die Zeit einer tiefen Krise der römischen Republik, die vom Bürgerkrieg gezeichnet war und zum Aufstieg Caesars sowie zur Einführung des Prinzipats führte. Dementsprechend war Ciceros Wirken als Politiker von extremen Höhen und Tiefen gekennzeichnet.

Cicero ist – trotz seines wechselvollen Lebens – einer der produktivsten Schriftsteller der römischen Literatur; sehr viele seiner Werke sind erhalten geblieben. Jahrtausendelang war die Prosa Ciceros das stilistische Ideal für alle Schriftsteller, alle Philologen und alle Lateinschüler und -studenten.

Gemeinsam mit Caesar steht Cicero für die klassische lateinische Prosa schlechthin.

Sein Werk umfasst zahlreiche Reden, Gerichtsreden und politische Reden, zahlreiche Briefe an Freunde über vielfältigste Themen, theoretische Abhandlungen – beispielsweise über die Redekunst – und philosophische Schriften, teilweise in Dialogform wie *„Laelius de amicitia"*, durch die er sich direkt auf das Vorbild Platons bezog. Ciceros philosophische Methode wird oft mit dem Begriff des „Eklektizismus" beschrieben *(griech. eklégein = eligo* 3: auswählen); er bediente sich nämlich der Lehren zahlreicher philosophischer Schulen des Hellenismus, vor allem der Skeptiker und der Stoiker, und wählte sich aus ihrer Lehre das aus, was ihm am geeignetsten erschien. Ciceros historische Leistung auf diesem Gebiet besteht – wie erwähnt – in der Vermittlung griechischer Philosophie in Rom und ihrer Übersetzung ins Lateinische sowie in der Schaffung einer philosophischen Fachterminologie für die lateinische Sprache, die bis in die modernen europäischen Sprachen hinein gewirkt hat (und wirkt).

Elegie

Mit dem Begriff „Elegie" (griech. *élegos* = „Klagelied") bezeichnete man seit der Zeit des Hellenismus eigentlich jedes Gedicht, das im elegischen Distichon (also Hexameter und Pentameter ➤ Verslehre, S. 113 ff.) geschrieben ist. Im römischen Bereich entwickelte sich dann als spezielle Form die Liebeselegie (die oft auch einfach als „Elegie" bezeichnet wird), d. h. Gedichte, die das persönliche subjektive Empfinden als Thema haben. Als Vorläufer und Wegbereiter der römischen Liebeselegie gilt **Catull** (➤ S. 108 f.), ihren Höhepunkt erreichte diese Literaturgattung in augusteischer Zeit mit **Tibull** (Albius Tibullus), **Properz** (Sextus Propertius) und **Ovid** (➤ S. 110). Unter dem Namen Tibulls ist auch eine Sammlung von Gedichten *(„Corpus Tibullianum")* überliefert, die nur zum Teil aus seiner Feder stammen, sowie einige Gedichte der **Sulpicia** (➤ S. 112); diese unechten Tibull-Gedichte werden in der Forschung als *„Appendix Tibulliana"* bezeichnet.

Heloisa

Heloisa (12. Jh.), Schriftstellerin, Äbtissin, ist eine der berühmtesten Frauen des Mittelalters. Sie wuchs bei ihrem Onkel auf, einem Kanoniker von Notre Dame in Paris, erhielt dort – und in dem Frauenkloster Argentueil bei Paris – eine fundierte Ausbildung und erwarb sich bald den Ruf großer Bildung und Begabung. Heloisa wurde als junge Frau die heimliche Geliebte des bekannten Philosophen, Theologen und Frühscholastikers Petrus Abaelardus, gebar ihm den Sohn Astralabius und heiratete ihn heimlich in Paris. Nach der Kastration Abaelards durch einen Racheakt ihres Onkels wurde Heloisa von Abaelard zum Eintritt ins Kloster gezwungen und erhielt einige Jahre später das von ihm gegründete Kloster Paraklet geschenkt. Diesem Kloster stand sie bis zu ihrem Tod als in ganz Frankreich hoch geachtete und für ihre Bildung berühmte Äbtissin vor.

Die Gründungsgeschichte dieser Frauengemeinschaft ist in ihrem Briefwechsel mit Abaelard erhalten. Dieser ist zusammen mit seiner Autobiografie, der so genannten *„Historia Calamitatum"*, überliefert und dokumentiert die Auseinandersetzungen der beiden:

- erstens über ihre gemeinsame Vergangenheit und ihren mehr oder weniger freiwilligen Eintritt ins Kloster,
- zweitens über die „Bekehrung" Heloisas zur Klosterfrau, Gottesdienerin und Lehrerin und über Sinn und Ziel des Klosterlebens,
- drittens über die Lebensweise der Frauengemeinschaft, ihre Klosterregeln, ihre Lieder und Gebete etc.

Eine gewisse Frauenfeindlichkeit der älteren Forschung hat dazu geführt, dass an Heloisas „realer" Beteiligung an dem Briefwechsel, an ihrer Autorschaft und an der Echtheit des Briefwechsels generell gezweifelt wurde. Heute gilt es als höchstwahrscheinlich, dass die Briefe nach ihrer Entstehung einer Redaktion unterzogen wurden und von vornherein zur Veröffentlichung bestimmt waren. Es spricht nichts dagegen, dass dies unter der Mitwirkung und Aufsicht Heloisas, die Abaelard um ca. zwanzig Jahre überlebte, im Kloster Paraklet geschehen ist.

Horaz

Leben und Karriere des aus Süditalien stammenden Dichters Quintus Horatius Flaccus (65–8 v. Chr.) sind eng mit den politischen Veränderungen verbunden, die Rom in den letzten Jahrzehnten vor der Zeitenwende prägten: dem Ende der Republik und dem beginnenden Prinzipat des Augustus. Im Bürgerkrieg nach Cäsars Tod kämpfte Horaz auf der „falschen" Seite (der der Cäsarmörder) und konnte froh sein, sich nach der Amnestie des Jahres 39 als staatlicher Schreiber *(scriba)* einigermaßen durchzuschlagen. Seinen Aufstieg und Ruhm verdankte er seinem reichen Gönner Maecenas (unter einem Mäzen versteht man heute noch jemanden, der in selbstloser Weise Künstler

fördert), einem Berater des Augustus, der es ihm durch großzügige Geschenke ermöglichte, ein unbeschwertes Leben zu führen und sich zur Gänze seinen Dichtungen zu widmen. Horaz versuchte sich in verschiedenen poetischen Formen; gewirkt hat er vor allem durch seine Oden (*„Carmina"*), in denen er als erster römischer Dichter die lyrischen Versmaße der Griechen konsequent in seinen Gedichten verwendete. Er sieht sich daher auch selbst vor allem als lyrischen Dichter in der Nachfolge von Alkaios und Sappho (7. Jh. v. Chr.).

Ovid

Publius Ovidius Naso (43 v.–17 n. Chr.) stammte aus einer reichen adeligen Familie und hatte so die Möglichkeit, sich zeitlebens ausschließlich der Dichtung zu widmen. In jungen Jahren pflegte er zunächst die Gattung der Elegie (➤ S. 109) und verfasste neben seinen viel gelesenen *„Amores"* („Liebesgedichte") auch noch weitere Elegie-Sammlungen: die *„Heroides"* (fiktive Briefe mythischer Gestalten, wie z. B. Penelope an Odysseus), die *„Ars amatoria"* („Liebeskunst", ➤ Einleitung, S. 65 f.) und die *„Remedia amoris"* („Heilmittel gegen die Liebe"). Später widmete er sich seinen beiden Hauptwerken, den (unvollendet gebliebenen) *„Fasti"*, einem Werk über die Feste im römischen Kalender, und vor allem den *„Metamorphosen"* (➤ „Mythos" v. R. Oswald, Reihe „Latein in unserer Zeit"). Im Jahr 8 n. Chr. wurde der bereits zu Lebzeiten außerordentlich erfolgreiche und populäre Dichter von Kaiser Augustus nach Tomis (im heutigen Rumänien) am Schwarzen Meer verbannt (➤ Einleitung zur *„Ars amatoria"*, S. 66). Die Verbannung war für den Dichter, der das pulsierende Leben Roms als Inspiration benötigte, ein wirklich schwerer Schlag. Alle seine Bemühungen um Begnadigung, teilweise auch in Gedichtform veröffentlicht (*„Tristia"*, d. h. „Klagelieder"), blieben vergeblich, Ovid starb im Exil, drei Jahre nach dem Tod des Augustus.

Am stärksten wirkte Ovid zweifellos durch seine *„Metamorphosen"*, dem für die Überlieferung des griechisch-lateinischen Sagenschatzes wichtigsten antiken Werk. Im Mittelalter entwickelte sich außerdem eine reiche Tradition erotischer Dichtung in der Nachfolge Ovids.

Paulus

Paulus von Tarsos – der Apostel Paulus – gilt als Gründungsfigur des Christentums. Insgesamt 13 Briefe, die zum Neuen Testament gehören, nennen Paulus als Absender und Autor; sechs davon stammen wohl von anderen Autoren, aber sieben gelten in der neuesten Forschung als echt: der 1. Brief an die Thessalonicher, der 1. Brief an die Korinther, aus dem in diesem Buch zitiert wird, der Brief an die Galater, der Brief an die Philipper, der Brief an Philemon, der 2. Brief an die Korinther sowie der Brief an die Römer.

Diese Briefe enthalten einige Anhaltspunkte über sein Leben, aus denen sich ein gewisses biografisches Gerüst konstruieren lässt. Weiteren Aufschluss über Paulus gibt die „Apostelgeschichte" des Lukas im Neuen Testament, dem ersten Geschichtswerk des frühen Christentums. Sie hat vor allem die beiden Apostel Petrus und Paulus zum Gegenstand.

Dennoch: die genauen Lebensdaten des Paulus sind nicht erhalten und lassen sich auch nicht rekonstruieren. Wahrscheinlich wurde er im 1. Jahrzehnt n. Chr. geboren und starb in den 60er-Jahren des 1. Jhs. n. Chr. den Märtyrertod in Rom. Paulus entstammte einer pharisäischen Familie, war also ursprünglich jüdischen Glaubens; seine Muttersprache war Griechisch. Alle seine Briefe sind in griechischer Sprache geschrieben. Paulus erhielt eine griechisch-hellenistische Allgemeinbildung und lernte den Beruf des Zeltmachers. In seiner Jugend schloss er sich eng und fanatisch an die pharisäische Bewegung an, was ihn zu einem Gegner des entstehenden Christentums und zu einem regelrechten Christenverfolger werden ließ. Auf dem Weg in die Stadt Damaskus hatte er ein Bekehrungserlebnis, Saulus > Paulus, durch das er von einem Verfolger zu einem Anhänger und Missionar des Christentums wurde. Er gründete zahlreiche christliche Gemeinden und wählte dafür immer große Städte; dadurch konnten diese einen viel größeren Einfluss und stärkere Ausstrahlung entwickeln als in entlegenen Gegenden und kleinen isolierten Dörfern. Die Verbindung zu den von ihm gegründeten Gemeinden hielt er durch die Briefe, von denen einige Eingang ins Neue Testament gefunden haben. Paulus kann deshalb als Gründungsfigur des Christentums gelten, weil er es war, der das Christentum durch seine Missionsarbeit und die damit verbundene Lehre aus seinen lokalen und regionalen Begrenzungen herauslöste und für die gesamte damals bekannte Welt adaptierte. Dadurch dass er die damalige „Weltsprache" Griechisch benutzte, erreichte er viel mehr Menschen als mit einer lokal beschränkten Sprache.

In der bildenden Kunst wird Paulus sehr oft gemeinsam mit Petrus dargestellt; beide Apostel werden am 29. Juni gefeiert. Seine bildlichen „Erken-nungszeichen", also seine Insignien, sind Buch und Schwert, meist ist er als kahler alter Mann mit Bart dargestellt. Die Geschichte seiner Bekehrung „vom Saulus zum Paulus" in der Wüste bei Damaskus hat zahlreiche Maler inspiriert: Michelangelo, Pieter Brueghel d. Ä., Peter Paul Rubens, Raffael und viele andere mehr.

Piccolomini

Enea Silvio Piccolomini (1405–1464), humanistischer Gelehrter, Schriftsteller und Poet, Jurist, Priester, Bischof und Papst (Pius II.), erhielt in seiner Jugend eine umfassende Bildung in seiner Heimat Italien und begann als Jurist, Diplomat und Dichter *(poeta laureatus)* in kaiserlichen Diensten. Als Sekretär von Kaiser Friedrich III. von Habsburg kam Piccolomini um 1437 nach Wien, wo er an der Universität Vorlesungen über antike Dichter hielt. Daneben trat er selbst als Dichter hervor, vor allem mit Liebeslyrik und einem Liebesroman. Mit etwa 40 Jahren wandte er sich vom weltlichen Leben ab, erhielt die Priesterweihe und wirkte als Geistlicher in Südtirol (Sarnthein), Oberösterreich (Aspach) und in der Steiermark (Irdning und Altenmarkt). Er gilt als einer der Bahnbrecher des Humanismus in Österreich; für Friedrich III. verfasste er die *„Historia Austrialis"*, eine Geschichte Österreichs, die nach wie vor als eine wichtige zeithistorische Quelle gilt. Als Bischof von Triest wurde er 1458 zum Papst gewählt. (Siehe auch ➤ „Europa" v. W. Rinner / „Europa Latina" v. W. Müller u. W. Rinner, Reihe „Latein in unserer Zeit, S. 15 ff. / S. 110 ff.)

Platon

Platon (427–347 v. Chr.) stammte aus einer athenischen Politikerfamilie und gilt als einflussreichster Philosoph der Antike. Platons zahlreiche Werke sind größtenteils erhalten; er bediente sich nicht der heute üblichen Form der philosophischen Abhandlung, sondern des philosophischen Dialogs, in dem mehrere Personen verschiedene Standpunkte zum jeweiligen Thema diskutieren. Die besondere Lebendigkeit und Dramatik dieser Dialogform hat Platon einen Platz in der Literaturgeschichte als großartiger Stilist gesichert. Sein Lehrer war Sokrates, von dem keine eigenen Werke erhalten sind; Sokrates tritt in fast allen platonischen Dialogen als zentraler Gesprächspartner auf, was es oft sehr schwer macht, zwischen „sokratischer" und „platonischer" Auffassung zu unterscheiden. Platon gründete 387 v. Chr. in einem Hain außerhalb Athens seine „Akademie", von der alle weiteren Akademien bis heute ihren Namen herleiten; sie bestand fast 1000 Jahre lang bis zum

Ende der Antike und war zeitweise die bedeutendste philosopische Institution der antiken Welt.

Platons Themenspektrum umfasst alle wichtigen Bereiche der Philosophie. Besonders berühmt ist seine Ideenlehre; sie besagt, dass die Welt, die wir mit unseren Sinnen wahrnehmen, auf einer hierarchisch gegliederten Welt von Ideen beruhe, an deren Spitze die „Idee des Guten" stehe. Sehr einflussreich war auch seine Staatstheorie, die von der Frage ausgeht: Was ist gerecht?

Was die Liebe – griech.: *eros* – betrifft, war Platon mit seinem *„Symposion"* ein Bahnbrecher. Der platonische Eros ist der stufenweise Weg zur Erkenntnis des Schönen und Guten an sich (➤ ET 12, S. 91 ff.).

Sulpicia

Sulpicia (zweite Hälfte des 1. Jhs. v. Chr.) ist die einzige römische Schriftstellerin, von deren Werken mehr als ein paar Fragmente erhalten sind, nämlich insgesamt sechs Elegien im dritten Buch des *„Corpus Tibullianum"*. Außer von Sulpicia gibt es nur noch von sehr wenigen römischen Dichterinnen ein Zeugnis: Von Ovid ist ein Briefgedicht (trist. 3, 7) an eine Perilla erhalten, eine weitere Dichterin namens Metella erwähnt er in einem anderen Gedicht (trist. 2, 438); weder von den Werken der einen noch der anderen ist auch nur ein Fragment erhalten geblieben. Der Satiriker Martial hat im 1. Jh. n. Chr. einer zweiten Dichterin namens Sulpicia zwei Gedichte gewidmet; von ihr ist ein kleines Gedichtfragment überliefert. Diese insgesamt vier Frauen sind die einzigen namentlich bekannten Dichterinnen der römischen Literatur. Dennoch gibt es Hinweise auf eine ausgedehnte poetische Produktion von Frauen, vor allem in der frühen Kaiserzeit; die einzige Dichterin, von deren Werk man sich bis heute einen Eindruck bilden kann, ist jedoch die Elegikerin Sulpicia.

Sulpicia entstammte einer sehr angesehenen Patrizierfamilie. Ihr Großvater Servius Sulpicius Rufus war einer der berühmtesten Rechtsgelehrten der Zeit Ciceros und Caesars; sein gleichnamiger Sohn heiratete Valeria, eine Schwester des Marcus Valerius Messalla Corvinus; Sulpicias Eltern entstammten also der Elite der römischen Republik und ermöglichten ihrer Tochter sicher ein Maximum an Bildung und Ausbildung. Ihre Elegien werden in die 20er-Jahre des 1. Jhs. v. Chr. datiert, also in die augusteische Zeit, und sind somit deutlich jünger als die Gedichte Catulls.

In vier ihrer sechs Liebeselegien verwendet Sulpicia ein Pseudonym für den angesprochenen Mann; ähnlich wie Catull mit seiner „Lesbia" benutzt sie einen griechischen Namen: „Cerinthus". Cerinthus ist in der römischen Kaiserzeit ein häufiger Sklavenname. Ähnlich wie im Fall von Catulls „Lesbia" ist ausgedehnt darüber spekuliert worden, um wen es sich bei diesem Cerinthus wirklich handelt – möglicherweise ist es ein gewisser Cornutus, der auch von Tibull öfter in seinen Elegien genannt wird.

Venus

Aphrodite, eine der zwölf olympischen Gottheiten, galt schon bei den Griechen als Göttin der (geschlechtlichen) Liebe und der Schönheit. Von den zahlreichen Mythen, in denen sie eine Rolle spielt, sind die bekanntesten die Geschichte vom Urteil des Paris, bei dem sie (nach erfolgreicher Bestechung durch das Versprechen, dem Jüngling die schönste Frau der Welt zuzuführen) den goldenen Apfel als Siegespreis davontrug, sowie die Episode um ihren Ehebruch mit dem Kriegsgott Ares (Mars), bei dem die beiden von Aphrodites hinkendem Mann, dem Schmiedegott Hephaistos (Vulcanus), überrascht wurden (➤ ET 8 und Abb. 24, S. 64).

Die Etymologisierung ihres Namens als „Schaumgeborene" (von griech. *aphrós* = „Schaum") ist zwar linguistisch nicht richtig, war aber in der Antike weit verbreitet und führte zum Mythos, Aphrodite sei (natürlich nackt) als bereits erwachsene Frau dem Schaum des Meeres entstiegen.

Die Darstellung des perfekten Körpers der Schönheitsgöttin reizte die Bildhauer aller Epochen: dem Meer entsteigend, schlafend, beim Baden, mit dem goldenen Apfel des Paris usw. Berühmt sind beispielsweise die Kapitolinische Venus (➤ Abb. 35 S. 77) oder die Venus von Milo im Pariser Louvre.

Für die Römer gilt Venus außerdem als eine Art Urmutter, weil ihr Sohn, der Trojaner Aeneas, nach zahlreichen Irrfahrten nach Italien gelangte und sich dort ansiedelte. (Der Sohn des Aeneas, Ascanius, gründete dann die Stadt Alba Longa, aus der später Romulus und Remus stammten.) Aus diesem Grund wurde Venus dann auch seit der Zeit des Augustus als Venus Genetrix (= Stammmutter) in Rom besonders verehrt. In der römischen Liebeselegie ist Venus neben ihrem Sohn Amor (➤ S. 106) die mächtigste Gottheit, und ihr Name steht oft metonymisch einfach für das Wort Liebe (➤ Lernvokabular, S. 119).

Verslehre (Metrik)

Was ist eigentlich ein Vers?

Unter einem Vers verstehen wir heute eine regelmäßige Abfolge von betonten und unbetonten Silben, z. B.:

> Ringsum ruhet die Stadt; still wird die erleuchtete Gasse,
>   und, mit Fackeln geschmückt, rauschen die Wagen hinweg.   *Friedrich Hölderlin*

> So ist die Lieb! So ist die Lieb!
> Mit Küssen nicht zu stillen:
> Wer ist der Tor und will ein Sieb
> Mit eitel Wasser füllen?
> Und schöpfst du an die tausend Jahr,
> Und küssest ewig, ewig gar,
> Du tust ihr nie zu Willen.   *Eduard Mörike*

> To be or not to be – that is the question.   *William Shakespeare*

> Shall I compare thee to a summer's day?
> Thou art more lovely and more temperate.   *William Shakespeare*

Ist das im Lateinischen genauso?

Im klassischen Latein ist ein Vers eine Abfolge von langen und kurzen Silben; entscheidend ist also nicht die Betonung, sondern die **Quantität** (d. h. Länge oder Kürze) der einzelnen Silben.

Das hat zur Folge, dass in einem Vers Wörter oft anders betont werden als in Prosa:

> *Mílitat ómnis amáns, et habét sua cástra Cupído;*
> *Áttice, créde mihí, mílitat ómnis amáns.*

In der folgenden Erklärung wird daher bei allen Beispielen nicht nur die Betonung, sondern auch die Länge (—) oder Kürze (∪) einer Silbe gekennzeichnet.

Wie weiß ich beim Lesen, ob eine Silbe kurz oder lang ist?

Es gibt zwei Möglichkeiten, warum eine Silbe lang sein kann:

- von Natur aus (**Naturlänge**), d. h. wenn sie einen langen Vokal hat, z. B. ā, ē usw. (im Wörterbuch immer so als lang gekennzeichnet!): z. B. *amīca, amōre, amāre*; Diphthonge (Zwielaute wie ae, oe usw.) sind immer lang (und im Wörterbuch nicht extra gekennzeichnet).

  Ausnahme: Wenn in einem Wort zwei Vokale unmittelbar aufeinander folgen, wird der erste gekürzt: *„Vocalis ante vocalem brevis est."*

  z. B.: *monĕo* (kurzes e, obwohl e-Konjugation)

- augrund der Stellung (**Positionslänge**), d. h. ein sonst kurzer Vokal ist *per definitionem* trotzdem lang, wenn hinter ihm zwei oder mehr Konsonanten folgen.

  z. B. *puella* (e gilt als lang, obwohl von Natur aus kurz).

  Diese Regel gilt auch über die Wortgrenze hinweg:

  Dónec grátus erám tibí … (Das e von *donec* und das a von *eram* sind aufgrund von Positionslänge lang, obwohl von Natur aus kurz.)

Eine Silbe, die nicht aus einem dieser beiden Gründe lang ist, ist kurz (im Wörterbuch nicht extra bezeichnet).

Gibt es da Ausnahmen?

Zur Regel von der Positionslänge gibt es zwei Ausnahmen:

- Wenn die beiden erwähnten Konsonanten ein Verschlusslaut (*muta*, also d, t, b, p, c, g) und ein „fließender" Laut (*liquida*, also l, r) sind, ist der vorangehende Vokal normalerweise kurz: Vor *muta cum liquida* (also z.B. -tr-, -cl- usw.) gibt es (meist) keine Positionslänge.

  z. B. *Ét lăcrimaé prosúnt: lăcrimís adamánta movébis.*

- Zwei Konsonanten am Wortanfang (z. B. *flumen*) haben auch (meist) keine Auswirkung auf eine vorangehende kurze Silbe:

Útque redítquĕ frequéns longúm formíca per ágmen …

Was passiert, wenn ein Wort mit einem Vokal endet und das nächste mit einem Vokal beginnt?

Viele Sprachen versuchen das zu vermeiden, weil es als unschön empfunden wird. Im Französischen z. B. fällt in so einem Fall der erste Vokal aus und wird durch einen Apostroph ersetzt: „Je t'aime."

Im Lateinischen werden zwar beide Vokale geschrieben, sie werden aber nur als eine Silbe gelesen.

Wie macht man das beim lauten Lesen?

Da gibt es zwei Möglichkeiten:

- In den meisten Fällen lässt man beim Lesen den ersten Vokal einfach aus (**Elision** = „Ausstoßen"). Korrekter wäre es, die beiden Vokale miteinander zu verschmelzen, d. h. der erste wird nur mehr ganz schwach gehört, der zweite behält die Oberhand (**Synalóephe** = „Verschmelzung"):

Vívamús, mea Lésbi(a), átqu(e) amémus!

- Wenn das zweite Wort *es* oder *est* ist, fällt das e- aus (**Aphaerése** = „Wegnehmen").

Tú mihi sóla placés nec iám te praéter in úrbe
*   fórmosá (e)st oculís úlla puélla meís.*

Tritt das nur dann ein, wenn zwei Vokale an der Wortgrenze aufeinander treffen?

Ein h- am Wortanfang wird so schwach gesprochen, dass es nicht als Konsonant zählt. Das Gleiche gilt für ein -m am Wortende. Wenn so ein Wortbeginn bzw. Wortende mit einem anderen Vokal zusammentrifft, kommt es also auch zu Synalóephe bzw. Aphaerése:

… quá null(a) húmanó sít via tríta pedé …
… amáta nóbis, quánt(um) amábitúr núlla …
… cópia iúdiciúm saépe moráta meúm (e)st

Wie sieht so ein lateinischer Vers konkret aus?

Jeder Vers besteht aus einer vorgegebenen Anzahl von Versfüßen. Ein Versfuß ist eine bestimmte Anzahl von kurzen und langen Silben. Der Versfuß, den wir für lateinische Verse am häufigsten brauchen, ist der **Daktylus**: $-\cup\cup$: z. B. *ómnĭă, mílĭtăt*

Manchmal tritt an die Stelle der beiden kurzen Silben eine lange; dieser Versfuß heißt dann **Spondéus** ($--$): z. B. *ōdī; sēd tū*

Heißt das, dass ein und derselbe Vers nicht immer gleich viele Silben hat?

Auf den häufigsten lateinischen Vers trifft das in der Tat zu. Das ist so ähnlich wie in der Musik: Statt einer Viertelnote können auch zwei Achtelnoten stehen, und für den Takt ändert sich trotzdem nichts.

Wo betont man diesen Versfuß?

Die Betonung ist sowohl beim Daktylus als auch beim Spondeus ausnahmslos immer auf der ersten Silbe.

Wie heißt dieser Vers, der im Lateinischen so oft vorkommt?

Der Vers, den wir für unsere Lektüre immer wieder brauchen, ist der **Hexameter** (griech. für „Sechsmaß"). Wie der Name schon sagt, besteht er aus sechs daktylischen Versfüßen, hat also sechs Betonungen. Der sechste Versfuß ist unvollständig (katalektisch) und besteht nur aus zwei Silben, wobei die letzte Silbe (wie in jedem lateinischen Vers) lang oder kurz sein kann. Statt der Daktylen können im Prinzip auch Spondeen stehen, im fünften Versfuß kommt das aber nur ganz selten vor. (Dieser Ausnahmefall heißt dann *versus spondíacus*.)

Das Schema des Hexameters sieht daher folgendermaßen aus:

$$\acute{-}\cup\cup \mid \acute{-}\cup\cup \mid \acute{-}\cup\cup \mid \acute{-}\cup\cup \mid \acute{-}\cup\cup \mid \acute{-}\cup$$

z. B. *Spéctatúm veniúnt, veniúnt specténtur ut ípsae.*

— — — ∪ ∪ — ∪ ∪ — — — ∪ ∪ —

Príncipió, quod amáre velís, reperíre labóra.

— ∪ ∪ — ∪ ∪ — ∪ ∪ — ∪∪—∪ ∪ — —

Ód(i) et amó. Quar(e) íd faciám, fortásse requíris.

— ∪ ∪— — — ∪ ∪— — — ∪ ∪ — ∪

Gibt es noch andere Verse, die aus Daktylen und Spondeen bestehen?

In der lateinischen Liebesdichtung (Liebeselegie) wird meist das so genannte **elegische Distichon** (griech.: „Zweizeiler") verwendet. Es besteht immer aus einem **Hexameter** und einem **Pentameter** („Fünfmaß"). Der Rhythmus des Pentameters unterscheidet sich von dem des Hexameters vor allem dadurch, dass er in der Mitte eine Pause hat und danach gewissermaßen von neuem beginnt: Diese **Diärese** (griech. „Zerlegung") kommt stets in der Mitte des dritten Versfußes, also nach der dritten Betonung; nach der Pause beginnt der Vers gleichsam von neuem mit einer betonten Silbe und geht wieder bis zur dritten Betonung. Anders als beim Hexameter ist beim Pentameter daher auch die letzte Silbe immer betont.

Er besteht also gewissermaßen aus zweimal zweieinhalb Versfüßen – so kommt es zum Namen Pentameter.

Die Daktylen in der zweiten Vershälfte werden nie durch Spondeen ersetzt; aus diesem Grund ist der Pentameter auch einfacher zu lesen als der Hexameter.

Das Schema des Pentameters sieht folgendermaßen aus:

—́ ∪∪ | —́ ∪∪ | —́ || —́ ∪∪ | —́ ∪∪ | ∪̆

z. B. *Néscio séd fierí sénti(o) et éxcruciór.*

Kann ein Pentameter auch alleine stehen?

Ein Pentameter steht immer nur als zweiter Teil eines elegischen Distichons, also unmittelbar nach einem Hexameter. Da er in der Regel etwas kürzer ist, wird er im Druck etwas eingerückt.

z. B. *Sí quis in hóc artém populó non nóvit amándi,*

— ∪ ∪ — — — ∪ ∪ — — — ∪ ∪ — —

hóc legat ét lectó cármine dóctus amét.

— ∪ ∪ — — — ∪ ∪ — ∪ ∪ —

Dícebás quondám solúm te nósse Catúllum,
Lésbia, néc prae mé vélle tenére Iovém.

Núlla potést muliér tantúm se dícer(e) amátam
vére, quánt(um) a mé Lésbia amáta meá (e)st.

Das klingt alles außerordentlich kompliziert. Wie kann man beim Lesen diese vielen Regeln beachten?

Das Lesen selbst lernt man nur durch Übung, also indem man immer wieder lateinische Verse laut liest. Hilfreich ist es auch, sich am Anfang bei einigen Versen die richtige Betonung zu markieren, z.B. wenn der Lehrer / die Lehrerin den Vers vorliest. Dadurch kann man dann einige Verse mit Sicherheit richtig lesen und bekommt allmählich ein Gefühl für den Rhythmus.

Sind alle lateinischen Verse so variantenreich wie Hexameter und Pentameter?

Für die Liebesdichtung ist nur noch ein weiterer Vers wichtig, der bei Catull öfter vorkommt. Dieser so genannte **Hendekasyllabus** (griech. *héndeka* = elf, *syllabé* = Silbe) oder **Phaläceische Elfsilber** (benannt nach einem hellenistischen Dichter), ist aber viel leichter zu lesen, weil er eine genau vorgegebene Anzahl von Silben hat und es somit keine Möglichkeiten für Varianten gibt.

Das Schema des Hendekasyllabus sieht folgendermaßen aus:

∪̆ ∪̆ — —́ ∪∪ —́ ∪ —́ ∪ —́ ∪̆

z. B. *Vívamús, mea Lésbi(a), átqu(e) amémus*

⏑ — — ⏑ ⏑ — ⏑ — ⏑ — ⏑

sóles óccider(e) ét redíre póssunt

⏑ — — ⏑ ⏑ — ⏑—⏑ — —

Sind das jetzt alle Informationen, die ich brauche, um lateinische Verse richtig lesen zu können?

Das elegische Distichon und der Hendekasyllabus sind die beiden Versmaße, die in der Liebesdichtung und daher in diesem Band am häufigsten vorkommen. Da das elegische Distichon besonders häufig ist, wird bei den einzelnen Texten nicht mehr extra darauf verwiesen. Vereinzelt finden sich noch andere Versmaße, die sind dann aber an Ort und Stelle (beim jeweiligen Gedicht) kurz erklärt.

Gibt es im Lateinischen eigentlich keine gereimten Verse?

In der Antike ist der Reim eher selten; wenn, dann am ehesten innerhalb des Pentameters:

Cúra fugít multó díluitúrque meró.

Erst im Mittelalter fand man an diesem Gleichklang Gefallen. Dies ist der erste große Unterschied zwischen der antiken und der mittelalterlichen lateinischen Verslehre: Mittellateinische Verse sind oft gereimt.

Dabei können die Wörter einsilbig gereimt sein *(exiit* und *induit)* oder mehrsilbig *(floribus* und *frondibus* oder auch: *florentia* und *gaudia).*

Sehr häufig ist dabei der **Endreim** – wobei die letzten Wörter der Verse gereimt sind:

Erat arbor haec in prato
quovis flore picturato,
herba, fonte, situ grato,
sed et umbra, flatu dato.
stilo non pinxisset Plato
loca gratiora.

Daneben gibt es den **Binnenreim** – wobei Wörter im Inneren des Verses miteinander oder mit dem letzten Wort des Verses gereimt werden:

Heu!, pro tantis gaudiis tantis inflor suspiriis.

Die Abfolge der Reime kann wechseln. Es gibt folgende Möglichkeiten:

- „Tiradenreim": mehrere Verse haben den gleichen Reim (siehe das obige Beispiel), nach dem Schema: a a a a
- „Paarreim": jeweils zwei aufeinander folgende Verse sind gereimt; Schema: a a b b
- „Kreuzreim": zwei Reimpaare sind „über Kreuz" gereimt; Schema: a b a b

Welche Unterschiede zwischen antiker und mittellateinischer Verslehre gibt es noch?

Im Mittelalter – eigentlich schon seit der Spätantike, also etwa dem 4. Jh. n. Chr. – ging das Gefühl für Quantitäten nach und nach verloren, und es entwickelte sich das, was wir heute unter Versmaß verstehen: die rhythmische Abfolge von betonten und unbetonten Silben.

Die mittellateinischen Gedichte in diesem Buch werden daher meist nach dem Wortakzent gelesen, d. h. die Betonung im Vers ist genau so wie in der Prosa:

Aestiváli súb fervóre,
quándo cúncta súnt in flóre,
tótus éram in ardóre.

Kleine Stilkunde

Alliteration (Stabreim)
Zwei oder mehr Wörter hintereinander mit dem gleichen Anfangslaut.

rumoresque senum severiorum

Dt.: mit Kind und Kegel

Anápher
Wiederholung eines oder mehrerer Wörter am Beginn von aufeinander folgenden Sätzen oder Satzteilen.

Arte citae veloque rates remoque moventur,
   arte leves currus: arte regendus amor.

Antithese
Gegenüberstellung zweier gegensätzlicher Begriffe.

Quod refugit, multae cupiunt; odere, quod instat.

Asýndeton (wörtl. „Unverbundenes")
Aufzählung zweier oder mehrerer Glieder oder Satzteile, die durch keine Bindewörter miteinander verbunden sind.

Mutuis animis amant amantur

Dt.: Alles rennet, rettet, flüchtet … (Schiller)

Chiasmus
Kreuzstellung, benannt nach dem griech. Buchstaben X (Chi). Vier Glieder sind nach dem Schema a – b – b – a angeordnet, sodass sich ein Kreuz ergibt, wenn man sie untereinander schreibt:

Cras amet, qui numquam amavit; quique amavit, cras amet.

Enallagé (wörtlich: „Vertauschung")
Ein Adjektiv ist nicht mit dem Substantiv übereingestimmt, zu dem es sinngemäß gehört, sondern mit einem anderen:

Gemina teguntur lumina nocte …

Aufgrund des Versmaßes kann *gemina* nur mit *nocte* übereingestimmt sein, inhaltlich gehört es aber zu *lumina*:

Wörtl.: „Von zweifacher Nacht werden (meine) Augen umhüllt …",

d. h.: Meine beiden Augen sind von Nacht umhüllt …

Hendiadyoín (wörtlich „eines durch zwei")
Zwei Wörter derselben Wortart (z. B. zwei Substantive oder zwei Verben) drücken zwei Aspekte derselben Vorstellung aus.

exsultas nimiumque gestis …

Dt.: Wer reitet so spät durch Nacht und Wind …

Metonymíe (griech. *metonymia* = Umbenennung)
Bedeutungsveränderung augrund eines inhaltlichen Zusammenhangs. Häufige Formen der Metonymie sind beispielsweise ***pars pro toto***: *papilla* = eig. Brustwarze, aber auch: Brust; ***abstractum pro concreto***: *amor* = Liebe, aber auch: Geliebte(r); **mythologische Metonymie**: Name einer Gottheit für das, wofür sie zuständig ist: z. B. Venus = Liebe

Parádoxon

Scheinbar widersprüchliche Wendung, die bei näherer Betrachtung doch Sinn ergibt.

Odi et amo.

Reim

Der Endreim ist in der Antike nicht sehr gebräuchlich; im Pentameter (➤ Verslehre, S. 115 f.) tritt er gelegentlich auf. In der mittelalterlichen Dichtung kommt der Reim dann häufig vor.

Quidquid Venus imperat, labor est suavis;
quae numquam in cordibus habitat ignavis.

Rhetorische Frage

Eine Frage, auf die keine Antwort erwartet wird. Ersetzt oft eine verneinte Aussage.

Quis sapiens blandis non misceat oscula verbis?

Dt.: Spinnst du?

Topos (griech. *tópos* = Platz)

Gemeinplatz, d. h. feststehende Wendung einer Literaturgattung; Motiv, das für eine bestimmte Art von Literatur so typisch ist, dass es dort einfach vorkommen **muss**. Kann durch beständige Wiederholung auch zum Klischee werden. Einer der häufigsten Topoi der Liebesliteratur ist z. B. die Idee, ein Liebender sei wie ein Soldat, weil er alle möglichen Strapazen auf sich nehme, um sein Ziel zu erreichen (*militia amoris*-Topos ➤ Einleitung zu T 33, S. 61).

Tríkolon

Dreigliedriger Ausdruck, oft mit einer Klimax (Steigerung) verbunden.

Otium, Catulle, tibi molestum est:
otio exsultas nimiumque gestis:
otium et reges prius et beatas
    perdidit urbes.

Dt.: verliebt, verlobt, verheiratet

Vergleich

Bei einem Vergleich werden zwei Dinge einander gegenübergestellt, die etwas gemeinsam haben. Das, was man vergleichen will, heißt *comparandum*. Womit es verglichen wird, ist das *comparatum*. Der Punkt, in dem die beiden verglichen werden, ist das *tertium comparationis*.

z. B. „Texte zum Thema Liebe gibt es wie Sand am Meer."

Bei diesem Vergleich sind die Texte das *comparandum*, der Sand ist das *comparatum*, und die große Anzahl bildet das *tertium comparationis*.

Lernvokabular – häufige Vokabeln in diesem Band

aestuo 1: glühen, brennen

aestus, -us: Hitze, Glut; Leidenschaft

amo 1: lieben

amor, -is m.: Liebe; Geliebte(r)

basio 1: küssen

basium, -i: Kuss

bellus 3 = pulcher, -ra, -rum

blandus 3: schmeichelnd, einnehmend

caritas, -atis f.: Liebe; (vor allem christlich:) Nächstenliebe

coma, -ae: Haar

confundo 3, -fudi, -fusum: verwirren

cura, -ae: Sorge; (auch:) Liebeskummer, Verliebtheit, Liebe; Liebling

deliciae, -arum: Geliebte(r), Schatz

desidero 1: sich sehnen nach; begehren, wünschen

dilectio, -onis f.: Zuneigung, Liebe

diligo 3, -lexi, -lectum: schätzen, lieben

domina, -ae: „Herrin"; Geliebte, Freundin

facies, -ei: Gesicht

familiaris, -e: vertraut

forma, -ae = pulchritudo, -inis f.: Schönheit

formosus 3 = pulcher, -ra, -rum

furtum, -i: Heimlichkeit, heimliches Tun, heimliche Liebschaft

furtivus 3: heimlich

gena, -ae: Wange

gratia, -ae: Anmut, Grazie

insania, -ae: Wahnsinn

labellum, -i: Lippe

lacrima, -ae: Träne

langueo 2: matt sein, schlapp sein, (liebes)krank sein

latus, -eris n.: Seite, Flanke; Hüfte

lectus, -i : Bett

lumen, -inis n.: Licht; (oft:) Auge

mi = mihi

miser, -era, -erum: arm, unglücklich; verliebt

mutuus 3: wechselseitig, gegenseitig

nil = nihil = (manchmal) verstärktes non

ocellus, -i (Deminutiv) = oculus, -i

odor, -is m.: Duft

osculum, -i: Kuss

pudor, -is m.: Scham, Scheu

puella, -ae: Mädchen; (nur im antiken Latein:) Freundin, Geliebte

quia: weil; (mittellat.:) dass (auch statt AcI)

quippe (vor allem mittellat.): denn, nämlich

sinus, -us: Gewandbausch; Brust, Busen; Schoß; Herz

tener, -a, -um: zart, zärtlich

tenuis, -e: dünn, zart, fein

thalamus, -i: Schlafgemach, Schlafzimmer

tunica, -ae: Tunika, Hemd

usque: in einem fort, ununterbrochen

ut (+ ind.): sobald (= ubi)

vehementer (adv.): stark, heftig

venus, -eris f.: Liebe

videlicet (vor allem mittellat.): nämlich, denn

Bildquellen

Cover: Piazza Armerina. Die Mosaiken der Villa del casale. Palermo: Edizioni Poligraf 1990

Abb. 1: Kupferstichkabinett, Berlin

Abb. 2: Arthur Henkel, Albrecht Schöne, Emblemata. Handbuch zur Sinnbildkunst des XVI. und XVII. Jahrhunderts. Stuttgart: Metzler 1967

Abb. 3: Uffizien, Florenz

Abb. 4: http://www.amazingspider.com/travel/pictures/greece/athens

Abb. 5: Das Geheimkabinett im Archäologischen Nationalmuseum Neapel. Kurzführer. Hrsg. v. Stefano De Caro, Electa Napoli 2000

Abb. 6: http://www.astrologicon.org/theologia/aphrodite

Abb. 7: Paestum & Velia. Misteri e leggende dalle originale al tramonto di due città scomparse. Salerno: Edizione Matonti 1972

Abb. 8: Die Presse, 19. 12. 2005, S. 28

Abb. 9: http://www.globalgallery.com

Abb. 10: Österreichische Galerie Belvedere, Wien

Abb. 11: Auguste Rodin, Der Bildhauer im Licht seiner Photographen. Hrsg. v. Hélène Pinet. Stuttgart: Klett-Cotta 1986. Foto: Rodin-Museum, Paris

Abb. 12: Große Heidelberger Liederhandschrift – Codex Manesse, Universitätsbibliothek Heidelberg, Cod. Pal. germ. 848

Abb. 13: Catull. An Lesbia. Bearb. v. Friedrich Maier. Reihe Antike und Gegenwart. Bamberg: Buchner 1998, S. 20

Abb. 14: Staatliche Antikensammlung, München

Abb. 15: Musée d'art Roger-Quilliot, Clermont-Ferrant

Abb. 16: Robert Doisneau 1912–1994. Hrsg. v. Jean-Claude Gautrand. Köln: Taschen 2003

Abb. 17: Verlagsarchiv

Abb. 18: Omnibus 38, Sept. 1999, S. 13. Joint Association of Classical Teachers, London

Abb. 19: http://de.wikipedia.org

Abb. 20: Sammlung Joe & Teresa Long, Austin, Texas

Abb. 21: MS 802, Stadtbibliothek Troyes

Abb. 22: Ansichtskarte. Ediz. Enrico Verdesi, Rom. Vera Fotografia 47863

Abb. 23: Arthur Henkel, Albrecht Schöne, Emblemata. Handbuch zur Sinnbildkunst des XVI. und XVII. Jahrhunderts. Stuttgart: Metzler 1967

Abb. 24: Kunsthistorisches Museum Wien: Führer durch die Sammlungen. Wien: Verlag Christian Brandstätter, 1988, S. 303

Abb. 25: Ovid. Ars amatoria. Bearb. v. Friedrich und Luise Maier. Reihe Antike und Gegenwart. Bamberg: Buchner 2001, S. 11

Abb. 26: Ansichtskarte. The National Gallery, London

Abb. 27: Archäologisches Museum Neapel

Abb. 28: Archäologisches Museum Neapel

Abb. 29: APA-IMAGES / APA / Franz Neumayr (von links nach rechts: Frau Lahn, Martin Kusej, Michael Schade mit Ehefrau, im Rahmen der Premierenfeier von „Jedermann" am 25. Juli 2005 auf der Stein-Terasse in Salzburg)

Abb. 30: Arthur Henkel, Albrecht Schöne, Emblemata. Handbuch zur Sinnbildkunst des XVI. und XVII. Jahrhunderts. Stuttgart: Metzler 1967

Abb. 31: Ovid. Ars amatoria. Lehrerkommentar. Bearb. v. Friedrich Maier. Reihe Antike und Gegenwart. Bamberg: Buchner 2001, S. 53

Abb. 32: http://www.codart.nl

Abb. 33: Piazza Armerina. Die Mosaiken der Villa del casale. Palermo: Edizioni Poligraf 1990

Abb. 34: http://www.mlahanas.de/Greeks/Mythology/Eros.html

Abb. 35: Ansichtskarte. Plurigraf, Narni

Abb. 36: Erotik in der Römischen Kunst. Hrsg. v. Angelika Dierichs. Mainz: Philipp v. Zabern 1997

Abb. 37: http://www.archart.it

Abb. 38: http://www.personal.kent.edu

Abb. 39: PC Games, 8/2005

Abb. 40: Katalog der Fa. Heine, Graz, Winter 2005/06

Abb. 41: http://www.mlahanas.de/Greeks/Persons1.htm

Abb. 42: Alte Pinakothek, München

Abb. 43: Jan Vermeer 1632–1675. Veiled Emotions. Hrsg. v. Norbert Schneider. Köln: Benedikt Taschen Verlag 1994. © Rijksmuseum, Amsterdam

Abb. 44: Südtiroler Landesmuseum für Volkskunde, Dietenheim bei Bruneck; Foto: Eva Cescutti

Abb. 45: http://www.andereggweb.ch/phil/platon.htm

Abb. 46: The Metropolitan Museum of Art, The Cloisters, New York

Abb. 47: Arthur Henkel, Albrecht Schöne, Emblemata. Handbuch zur Sinnbildkunst des XVI. und XVII. Jahrhunderts. Stuttgart: Metzler 1967

Abb. 48: http://www.hackenberg-hm.de/Syrien/hauran/image_html/image06.html